リコール署名不正と表現の不自由

民主主義社会の危機を問う

中谷雄二
岡本有佳　編

あけび書房

はじめに

学術会議会員として任命拒否された宇野重規東京大学教授は、「あいちトリエンナーレ2019における『表現の不自由展・その後』の中止とそれをめぐる騒動」について、「自由と民主主義を守る砦が脅かされ、その社会的基盤が崩れつつあることを実感する。ここがまさに民主主義にとっての踏ん張りどころであり、民主主義が試されているように思われてならない。」と言っています（『民主主義を信じる』青土社、2021年）。

2019年の「表現の不自由展・その後」の脅迫や抗議を受けての中止は、政権が進めてきた平和憲法の破壊や監視国家化の動きが、日本の社会の世論を大きく右に旋回させ、一挙に表面化しました。河村たかし名古屋市長や松井一郎大阪市長、当時の菅義偉官房長官などの言動は、それを助長し煽動するものでした。この事件を発端として、全国で気にいらない表現に対する抗議や脅迫によって中止や展示拒否が相次ぎました。大村秀章愛知県知事に対するリコールもこの事件への対応が原因です。膨大な偽造署名という前代未聞のリコール不正署名問題、今年（2021

年）に東京、名古屋、大阪で起こった「表現の不自由展」に対する妨害と会場の使用拒否、中断などの一連の事件は、この国の危機が、一層、深刻化していることを示すものだったと思います。

この本は、2019～2021年まで、「表現の不自由展」をめぐって何があったのか、なぜ妨害が起こったのかの政治的背景を明らかにし、妨害する勢力とそれと闘う市民の運動の実態を広く知っていただくために企画されたものです。

著者はいずれも「表現の不自由展」に対する妨害やリコール不正署名運動に関わった妨害勢力を許さない、民主主義の基盤である表現の自由を守り、地方自治の破壊を許さないために様々な形で闘ってきた人々です。自ら体験した事実を明らかにし、どのような攻撃がされ、それとどう闘ったのかを現場から綴ったものです。市民運動の中心にいた人たちやその市民と一緒に歩んできた弁護士や学者の報告から構成されています。

第1章は一連の事件の政治的背景、第2章は、リコール不正署名の法的問題点を指摘したものです。第3章は、表現の不自由展の目指すものと作品紹介、なぜそれらの作品が妨害の対象となるのかを明らかにしています。第4章は「表現の不自由展・その後」の再開を求める運動からリコール署名反対運動の状況を、第5章は2021年の名古屋での「私たちの表現の不自由展」が目指したものと妨害の実態、中止を乗り越えて再開を目指す運動をそれぞれ市民団体の中心を担った方に報告していただきました。第6章では、「表現の不自由展かんさい」が妨害による会場使用許可の取消を法的手段と市民・労働組合などの協力によりどのように乗り越え、無事に全期間を開催したかを報告していただきました。

この本を手にとる市民の方々に、社会の右旋回が急激に進んでいると同時にそれと闘う市民の運動によって、この国の民主主義を守る闘いが進められてきたのかを知っていただきたいと思います。

この国の自由と民主主義を守る基盤が掘り崩されようとしている今だからこそ、私たちは無力ではない。憲法に保障された権利に基づいた一人ひとりの闘いによって権利の後退を防ぎ、重要な成果を上げることができるのだということを感じていただければと思います。希望は自ら行動することによってしか生み出されないのだと私は考えています。

2021年10月7日

中谷雄二

◆目次◆

リコール署名不正と表現の不自由―民主主義社会の危機を問う

裏表紙写真：愛知県庁前デモ。2020年8月25日。谷口亙撮影

第1章

不自由展中止からリコール署名捏造に至る政治的背景

中谷雄二

1　あいちトリエンナーレ「表現の不自由展・その後」の中止事件の経緯と背景

「表現の不自由展・その後」の中止が明らかにした日本社会の状況

2019年のあいちトリエンナーレ（以下、「あいちトリエンナーレ2019」）の企画展「表現の不自由展・その後」（以下、「表現の不自由展・その後」）は、河村たかし名古屋市長の発言と菅義偉内閣官房長官（当時）の発言がきっかけとなり、開始からわずか3日で中止となった。

2019年の「表現の不自由展・その後」で抗議の対象となった展示作品の時期的な変遷を見れば、抗議・妨害を煽動した勢力の正体がわかる。また、その後のリコール署名や2021年に東京、愛知、大阪で相次いだ「私たちの表現の不自由展・その後」（以下、「私たちの表現の不自由展」）に対する妨害行為を主導した勢力についても、いくつかの主体があった。

1つは「嫌韓」を叫び差別・排外主義・歴史修正主義を唱えるいわゆるネット右翼であり、もう1つは、天皇制を中心とした伝統的な日本至上主義を唱える伝統的な右翼である。それらの声を背景に安倍・菅政権が日本の民主主義の基礎を攻撃し破壊し続けてきたことで、日本社会の健全な批判精神や民主主義に対する信頼が脅かされてきた。そのうえに、名古屋市長である河村たかしという現在の日本社会の不安定さや薄っぺらさを背景にした典型的なポピュリスト政治家の存在がある。

一連の事件は名古屋市長が河村たかし氏でなければ起きなかったか、違う経緯を辿ったものと思われる。同時にこれらは、第二次安倍政権以来進められてきた日本国憲法を無視し、対米従属の下、自衛隊を海外で他国と一緒に戦争する軍隊に作り替え、強権的に国民を押さえつけようとする策動と密接に関連する。

私は、あいちトリエンナーレ2019の「表現の不自由展・その後」の中止問題には、「表現の不自由展・その後」実行委員会（以下、不自由展実行委員会）の依頼により、裁判所に申し立てた仮処分事件の弁護団長としてかかわり、２０２０年のリコール不正署名問題には、リコール不正署名の厳正な捜査を求める法律家要請に呼びかけ人として関わった。その後の２０２１年の名古屋市長選挙には、不正署名に政治的道義的責任のある河村たかし氏は名古屋市長にふさわしくないと、河村氏に公開質問状を出し、対抗馬の立候補補要請にも関わった。そして、２０２１年に名古屋で開催された「私たちの表現の不自由展」には、主催者である「表現の不自由展をつなぐ愛知の会」の共同代表として、中止から再開要請に至るまで関与することとなった。これらの事件に関わったものとして、なぜこのような事件が起こったのか、この事件の経緯と背景を明らかにしたいと思う。

これらの一連の事件は、今の日本の表現の自由をはじめとする精神的な自由が、危うい状況に追いやられていることを象徴している。２０１９年の事件が起きた際、戦前の言論弾圧や学問の自由に対する弾圧事件が頭に浮かんだ。日本が戦争へと向かっている時に、国の行方に危惧を覚え、異論を唱える市民に対して、右翼的な勢力だけでなく、多くの市民がそれに煽動されて、政権に異論を唱えることを排除・抑制する世論が醸成されつつあるのではないか。今、日本は岐路に立っているという強い危機感を感じる。

私たち市民は、それぞれの事件をマスコミが報じる表面的なニュースとして消費するだけでなく、事件の背景を知り考えることによって、民主主義社会の基礎である表現の自由を始めとする精神的な自由を守るために声を上げる必要があると信じる。

発端としてのあいちトリエンナーレ「表現の不自由展・その後」中止事件の経緯

２０１９年８月１日から開催された国内有数の国際美術芸術展「あいちトリエンナーレ」の企画展である「表現の不自由展・その後」（２０１９年８月１日～10月14日開催予定）が、開催後わずか３日にして中止に追い込まれた。[*1]「表現の不自由展・その後」は、国内の公的な展覧会から展示を拒否されたり、撤去された美術作品を集めて、現代日本の表現の不自由状況を考える趣旨で企画されたものである。

もともとは２０１５年に、東京で有志が始めた「表現の不自由展」を観た、津田大介氏（あいちトリエンナーレ2019の芸術監督）が感動し、あいちトリエンナーレでもその後の作品を追加して展示をしてくれないかと、表現の不自由展実行委員会に出品を依頼して、実現した企画展である。ところが、「表現の不自由展・その後」に《平和の少女像》が展示されていることを知った、日本維新の会代表でもある松井一郎大阪市長が河村名古屋市長に「あんな展示をさせてよいのか」と言い、それを受けて河村名古屋市長が、8月2日に「表現の不自由展・その後」を視察した。視察後、ぶらさがり取材で、記者に対して河村市長は、《平和の少女像》を指し、「日本人の心を傷つける」と批判し、あいちトリエンナーレ実行委員会会長であった大村秀章愛知県知事に、企画展の中止を要求した。同日、当時の菅官房長官が、「表現の不自由展・その後」の展示内容を理由に、助成金の支給を慎重に判断すると記者発表した。

マスコミ報道によってこれらの発言を知った多くの市民が、あいちトリエンナーレ実行委員会、具体的には事務を担っていた愛知県に抗議の電話、FAX、メールなどを送った。[*2] 届いた抗議の中に、「ガソリン携行缶をもってお邪魔する」とのFAXがあったことから、[*3] 翌日、8月3日、実行委員会会長である大村愛知県知事が、「表現の不自由展・その後」の中止を発表した。

これに対して、中止の発表直後から表現の自由の危機を感じた愛知を中心にした全国の市民による再開を求める運動が始まり、あいちトリエンナーレのメイン会場である愛知芸術文化センターの前で再開を求めてスタンディング行動が行なわれた。「表現の不自由展・その後」実行委員会は、名古屋地方裁判所に、中止発表の夜に設置された展示会場前の壁の撤去と企画展を再開せよという仮処分を申立てた。[*4]

市民は、会場横の公園での集会やデモ、スタンディング行動などで再開を求め続けたが、河村市長はあいちトリエンナーレ実行委員会の会長代行であったが、この再開にも反対し続けた。

表現の不自由展実行委員会が申し立てた仮処分手続きにおいて、裁判上再開の合意が成立し、「表現の不自由展・その後」は、10月8日から再開されることとなった。しかし、さまざまな条件付きであったことに加えて、会期末までわずか6日間の再開に止まった。その結果、多くの観覧希望者の一部しか観覧することができなかった。

「表現の不自由展・その後」中止事件の背景

あいちトリエンナーレにおける「表現の不自由展・その後」の中止事件の背景には、戦後最悪と言われる日韓関係の悪化があった。

前年10月30日、韓国大法院が、新日本製鉄（現新日鉄住金）に対し、いわゆる徴用工事件で損害賠償を命じる判決を出した。12月21日には、防衛省が自衛隊機に韓国軍艦船が火器統制用レーダーを照射したと抗議し、一方の韓国側はレーダー照射を否定したうえで自衛隊機の異常接近に対して抗議した。２０１９年7月1日には、経済産業省が「韓国との信頼関係の低下」「韓国と関連した不適切な輸出管理」を理由に、半導体製品生産の素材の韓国向け輸出に関する規制強化を発表し、8月2日には日本政府は、韓国を輸出手続優待国（ホワイトリスト）から韓国を除外すると発表した。まさに戦後最悪の日韓関係と評される時期にこの事件は起きた。

「表現の不自由展・その後」の展示作品のうち、抗議の対象とされたのは、①キム・ソギョン／キム・ウンソンによる《平和の少女像》、②大浦信行《遠近を抱えてPart II》、③中垣克久《時代の肖像─絶滅危惧種 idiot JAPONICA 円墳─》の3作品が中心であった。

当初は、河村市長や菅官房長官の発言に見られるように、《平和の少女像》に批判が集中していた。その後、作品の一部分を切り取って天皇の肖像写真を燃やしているとネットなどに拡散されたことにより、大浦氏の《遠近を抱えてPart II》が抗議の対象となり、同時に、中垣氏の作品が特攻隊を揶揄していると批判されていった。当時の極めて関係が悪化していた日韓関係を背景に、先述のとおり、松井大阪市長の電話をきっかけに、河村名古屋市長が《平和の少女像》を公的な施設に展示したことを批判することによって、国民の中にある差別・排外主義、歴史修正主義的な偏見に働きかけた結果、抗議が集中したものである。再開後には、河村名古屋市長が大浦作品に対する抗議と思われる「陛下への侮辱を許すのか!」というプラカードを掲げているように、大浦作品が攻撃の対象へと変遷していった。

当初は、差別・排外主義的な嫌韓世論に訴える《平和の少女像》への攻撃だったのが、右翼や保守的な市民に向けて、天皇を攻撃するものと大浦作品を描き出し、攻撃対象としていった。松井大阪市長や河村名古屋市長、菅官房長官によって問題とされたように、「表現の不自由展・その後」への攻撃は、ネット右翼と親和的な政治家によって焚きつけられたのである。その煽動に、日韓関係の悪化を背景に漠然とした韓国嫌悪の感情を抱いていた日本人が匿名性をよいことに、メール、FAX、電話などで抗議を集中し、それをマスコミが大きく報道したことにより、社会問題となったのが、一連の騒動の発端となった「表現の不自由展・その後」の中止問題であった。

「ガソリン携行缶を持ってお邪魔する」という脅迫FAXもこれが送られた当日には、愛知県のあいちトリエンナーレ推進事務局は「いたずら」として捉え、深刻なものとは考えていなかった。現に8月2日にこのFAXは送信されているが、被害届けが出されたのは、届いて4日後で中止後である8月6日でしかなかった。この被害届けの遅れ自体、当初あいちトリエンナーレ実行委員会が脅迫FAXを軽視していたことを明白に物語るものである。

2　大村愛知県知事リコール署名運動

名古屋市によるあいちトリエンナーレ負担金支払いの拒否

菅官房長官は、補助金について2019年8月2日の会見で「審査の時点では、具体的な展示内容の記載はなかったことから、補助金の交付決定では事実関係を確認、精査した上で適切に対応していきたい」と述べた。補助金交付の実際の取り扱いでは、補助金申請段階で展示内容が詳細に具体的に記載されることはなく、あいちトリエンナーレの補助金申請手続きが他の同種の補助金申請と比較して、問題があったわけではない。ところが、歴史修正主義的立場に立つ当時の安倍首相と菅官房長官は、《平和の少女像》の展示を巡って、河村市長発言が報じられると手続き上の問題があるかのように理由づけて、補助金を不支給とした。

この問題については、不支給を違法であるとした愛知県の不服申立後、国と愛知県との間で話し合いがまとまり、県が国に対して事前に抗議や混乱が予想される展示物であるのに、説明していなかったことを謝罪し、減額のうえ、支給されることとなった。2020年1月段階で、すでに愛知県と国との間では話し合いによる決着がつく見通しがたっていたようである。

これに対して、名古屋市との関係は、大きくもつれた。名古屋市は、負担金の支払いを求めるあいちトリエンナーレ実行委員会に対し、2019年12月、あいちトリエンナーレ名古屋市あり方・負担金検証委員会（以下、「負担金検証委員会」）は、「表現の不自由展・その後」の開催前に県から市への情報提供が不十分だったうえ、中止や再開は芸術祭実行委員会会長の大村秀章知事の独断で決定されたと指摘した。会長代行の河村市長は意見を述べる機会を奪われたとして、「負担金の不交付という形で市が抗議の意思を表すのは必ずしも不適当とは言えない」とする報告書をまとめた。

この報告書を受け河村市長は、2020年3月27日、負担金残額（約3380万円）の不交付決定を行ない、実行委員会および県に通告してきた。これを受けてあいちトリエンナーレ実行委員会は、同年4月20日~30日までに書面表決によって行なわれた運営会議で、名古屋市を相手に負担金未払分の支払いを求める民事訴訟を提起することを決定し、名古屋市に再度支払いを要請した。しかし、名古屋市はこれに応じず、同年5月21日、実行委員会が名古屋市を被告として名古屋地裁に負担金未払分の支払いを求める民事訴訟を提起するに至った。

大村愛知県知事に対するリコール署名運動

これに反発した河村市長と高須克也氏が相談の上で始めたのが、大村愛知県知事のリコール運動である。

２０２０年6月に始まった大村知事に対するリコール署名運動は、テレビＣＭで有名な美容整形外科高須クリニックの高須院長と河村市長らの呼びかけで始まった。署名の推進母体である「お辞め下さい大村秀章愛知県知事　愛知１００万人リコールの会」（以下、リコールの会）設立時には、作家の百田尚樹氏、評論家の竹田恒泰氏、中部大学特任教授の武田邦彦氏、ジャーナリストの有本香氏らが駆けつけ、河村市長、吉村洋文大阪府知事もメッセージを寄せた。

8月から10月にかけて行なわれた署名運動は、高須氏がインターネットで大量の署名が集まっていることを喧伝していた。しかし、11月に愛知県選挙管理委員会に提出されたリコール署名43万５０００筆のうち、実に約83％が、同一筆跡など無効の疑いのある署名であった。法定署名数が86万６０００筆のところ、提出された署名のうち、36万２０００人分が無効で、有効署名数は7万３１４７人にすぎなかった。

従来は、署名数が法定数に届かない限り選管は審査をせず、リコール活動団体側に署名簿を返却する扱いになっていたという。しかし、今回のリコールでは署名簿提出直後に不正を疑う声が多数寄せられたため、県下の市町村の選挙管理委員会が異例の調査をしたところ、不正が発覚し、署名を偽造された中には地方自治体の議員もいた。複数の議員が私文書偽造容疑で告訴したことが新聞などで報じられた。

愛知県選挙管理委員会は、愛知県警に地方自治法違反で告発した。事件の詳細は、中日新聞と西日本新聞の共同取材によって明らかになった。佐賀市内でアルバイトを雇って大量の偽造署名が行なわれていたことが発覚し、リコールの会の田中孝博事務局長ら4人が愛知県警に逮捕されるに至った。

知事の解職請求という直接民主制に関わる事件で、これほど大量にアルバイトを雇って偽造署名を提出した例は前代未聞である。地方自治や民主主義の根幹に関わるこの事件は、現在の日本が抱えている危うい状況を浮き彫りにしたものと言える。

インターネットを利用して華々しく始まったリコール署名運動で、河村市長も街頭での署名運動に駆けつけるだけでなく、署名の呼びかけ文には河村市長と高須氏の顔写真を載せ、リコールの会の事務所の看板にも大きく二人の顔写真が掲示されていた。しかも、このリコール運動に参加するボランティアは、「ここで見たことは他に漏洩しない。もし、それで損害が発生した場合には、全て賠償する」旨の誓約書を書かされたという。[*5]

リコール運動と河村名古屋市長との関わり

２０２０年８月から10月の署名運動期間に集められた43万５０００人分の署名を提出した後、河村市長は11月になって、大村知事宛に「43万人もの不信任を出したことをどう思うか」という公開質問状を出している。ここからは、大量の署名数を背景に大村知事に対して、圧力をかける狙いがあったことが伺われる。

署名の結果は、提出された署名の83・2％が無効、うち90％近くが同一人の筆跡などの偽造署名であった。提出された署名のうち約８０００人が死者で、偽造された署名には10年前の名簿が元になったものもあった。署名の期限後に書き写させたものも存在し、有効署名数が７万３１４７筆と必要署名数の10分の１にも満たないものだったことから、署名が成立しないことは早期にわかっていたものと思われる。署名が成立しない場合は署名簿は返却される扱いとなっていたので、ばれないだろうと考えて、署名数を誇大に見せかけるために偽造署名を書かせた疑いがある。

リコールの会副事務局長を務めていた愛知維新の会の元常滑市議である山田豪氏は、署名集めの終了の翌日（２０２０年10月26日）、リコール活動団体の事務所で田中事務局長から押印のない大量の署名に指印を押す不正を持ちかけられ、拒否しようとしたが、田中氏から「リコールが成立しなければ署名用紙自体はただの紙切れだ。選管は数を数えるだけ。達成しなければ全部署名用紙が戻ってくる。心配はいらない。」と説得されたと、新聞記者に語っている。[*6] その後も次々と報道されたリコール署名の偽造の経過は、この署名偽造がかなり早い時期から計画的に行なわれていたことを示している。

不正署名が発覚したのは、署名提出時に同一の筆跡が多いことに疑問を持った受任者が不審に思い、署名用紙を持ち帰り、不正署名を発表したことによる。不正が発覚して後の調査の結果、２０２０年10月20日から31日に佐賀市内で、時給９５０円で募集したアルバイト（延べ１０００人以上）に署名を偽造させていたことがわかった。アルバイトの募集は、名古屋市内の広告関連会社の下請会社が行ない、同社宛ての発注書には田中事務局長の名前と押印があったという。

リコール署名問題に登場する田中事務局長は、減税日本の元県会議員であり、河村氏と近い関係にあり、次期衆議院選愛知５区での愛知維新の会からの予定候補であった。さらにリコールの会の副事務局長の山田元常滑市議も維新の会、また、アルバイトを募集した広告関連会社は河村市長の支持者であるなどリコール運動の立ち上げから運動の推進まで維新の会と、河村市長と密接な関係のある人物が関係していることが明らかとなった。＊7

河村市長と高須院長の写真が載った署名用紙
（中日新聞2021年２月16日より許諾を得て転載）

大村知事のリコール署名用紙には、河村たかし市長と高須克也院長の２人の写真が掲載されていた（中日新聞２０２１年２月16日 https://www.chunichi.co.jp/article/202744）。

3　名古屋市長選での河村たかしの再選

河村市長による名古屋市議会リコールと再選

河村市長がリコール運動に関わるのは、二度目である。一度目は、2010年名古屋市議会が河村市長が提出した減税や地域委員会構想などの政策を5回にわたって否決し続け、市長対議会の構図が1年以上続いた頃である。この時に河村市長がとったのが、地方自治法76条による市議会のリコールによる住民投票である。リコールの主体は市長自身ではないが、市長の支援団体「ネットワーク河村市長」が署名を集めて市議会を解散に追い込もうとした。

この時の様子について、『河村市政の裏表』（東海財界出版）では次のように書かれている。

「残り10日の段階で署名数は15万人で目標の半分にも満たない。請求代表者の一人が『ダメだ。集まらない』と漏らすと、河村市長が『大丈夫だ』と声を掛け続けたという。締め切り一週間前には、橋下徹大阪府知事（当時）などが訪れて河村市長にエールを送り、猛スパートを見せた。最終的には46万人以上の署名を集めることに成功した」（29頁）。

法定署名数36万人のところ、46万人以上の署名が集まったのである。ところが、膨大な量の審査のために期間を延長した結果、提出された署名のうち、11万人分の署名が受任者が空白となっているという理由で無効と判断された。有効署名数35万人なので1万人の不足により、いったんは不成立と判断された。しかし、約3万人分の異議申立が行われ、法定数を超える署名が集まり、12月上旬、再審査の結果、住民投票が行なわれることとなった。

2011年2月に名古屋市長選、愛知県知事選、市議会解散を問う住民投票のトリプル投票が行なわれ、河村市長が再選し、当時は「ムラムラ・コンビ」と言われ、河村市長と蜜月だった大村知事も再選、議会の解散も決まった。翌月に行なわれた市議会選挙では、河村市長が代表の「減税日本」が名古屋市議会の第一党を占めることになった。

しかし選挙後の4月、マスコミが署名簿の流出問題を一斉に取り上げた。市議選での選挙違反に関する警察の捜査の過程で、データ流出が発覚したのである。データ流出は公選法上の違法性はないが、40万人分の印影を含む個人情報の流出は大きな問題となった。さらに、署名収集時の違法行為も明らかになった。前述の『河村市政の裏表』では、「受任者の一人は『素人でも分かるほど同じ筆跡が並んだ名簿があった。丁寧に一つひとつ拇印《ぼいん》が押してあった』。また『判子屋に三文判を買いに行った区さえある』（受任者）。署名した市民からは『裏の世界で出回っているかも。本当に大丈夫か』『ハンコ押してあるから不安にきまっとる』との声が聞かれ、早急な対応を求めていた。」（32頁）としている。

同書は、受任者名空白の11万人分の名簿についても、「リコール運動の署名集めは、対面署名方式と規定されている。署名者の居住区と受任者の担当区が合致しないと効力を発揮せず、相手に利用意図を説明して自筆で記載してもらう必要があった。受任者によると、担当区の者がその場にいない場面が多々あり、受任者名が空白になった11万人分の名簿ができあがったそうだ」（32頁）と、できあがった過程を説明している。

期限直前に目標の半分にも達しなかった署名が最後に大量に集まったこと、大量の無効署名が存在したことや、同一人の筆跡の名簿があり、拇印が押してあったという指摘は、今回の不正署名との手口と似ている。少なくとも、この名古屋市議会に対するリコール署名運動の成功体験が河村市長に大村知事に対するリコール署名を思いつかせたこと、リコール署名運動の進め方についても河村市長が具体的な指導をしていたことは河村市長の記者会見などでもわかる。

大村知事と河村市長との対立

ムラムラ・コンビとまで呼ばれ、トリプル選挙を圧勝した大村知事と河村市長との関係は、トリプル選挙があった2011年の秋、河村市長が外国出張中に、大村知事が公約の県民税10％減税の実施を財政難から断念すると発表したことから亀裂が入った。大村知事が代替案を示して説得するも河村市長は聞き入れず、「残念だ。もっと県は必死になって行財政改革を行うべき」と河村市長が行財政改革の中身から職員給与の問題にまで及ぶ批判をすると、大村知事は「悪質なデマゴギー、市長は真実を見つめて欲しい」と強く抗議するに至った（以上、前掲『河村市政の裏表』85頁参照）。

その後、大村知事と河村市長は何度か接近したり対立したりを繰り返しながらの関係を続けてきたが、２０１９年の「表現の不自由展・その後」をめぐる対立以降、今日まで厳しい対立関係が続いている。

記者会見での河村市長のやりとり

河村市長はリコール不正署名について、２０２１年7月12日の定例記者会見で、名古屋テレビの記者が同社のインタビューで「田中事務局長が『市長が足の指だったら分からないよね』と9月25日くらいに言っていたと答えているが、どういう意味か」と質問したのに対し、「そんなもん。本人が言っているだけでないのか。私は覚えておらんし。逮捕された人が言ったことを本当に言ったかどうか確認もしないで、そのこと自体がえん罪にならせんかね。」と反発している。

さらに記者が「田中事務局長が言っていたので事実確認をしているだけです」と聞いたのに対し、河村市長は、「厳密に言えば、記憶がないです」、「言っとらんと思いますけど。こういうことはどういうことでしゃべっているかわかりませんので」と答えた。

重ねて記者が「田中事務局長がうちのインタビューで、『9月25日くらいに市長が指を10本使うかどうか、足の指を10本使うかわからないな、といろんなレクチャーを受ける中で話していた』と言っているんですが、それの事実はいかがですか」と質問したのに、「それは言っとらんのじゃないですか？　知らんけど。わしはとにかく2月15日まで知らなんだで」と言葉を濁したのに対し、記者が「濁されると市民も不安なので事実確認をしたいだけなんで」と突っ込んだのには、河村市長は「言ったか言ってないかは、万が一誰かがテープ撮っとったら出てくるかもわからんけど、言ってないですね。僕の記憶とすると」と応え、以下、「テープが出てくるというのはどういうことですか?」「誰かがもっとってこういっとったじゃないかと言われると、もし、ちがっとった場合は困るけど、という意味ですわ」「それに近いことを言っているということですか?」「言ってません」という質疑応答が交わされた。[*8] この河村市長の記者会見における質問と応答は、不正署名への関与の疑惑をより深めるものと言わなければならない。

2021年名古屋市長選挙

リコール署名の大量偽造が連日報道されている最中の2021年4月25日、名古屋市長選挙が行なわれた。この名古屋市長選挙に河村市長が立候補する可能性があったため、大脇雅子元参議院議員、俳優の天野鎮雄氏、本秀紀名古屋大学教授、飯島滋明名古屋学院大学教授と私の5人が河村市長への対抗馬として、岩城正光元副市長に立候補を要請した。

岩城氏は、弁護士で子どもの人権問題に取り組み、河村市長から請われて副市長に就任したが、河村市長と衝突して退職し、前回の名古屋市長選挙に立候補した人物である。地方自治と民主主義を破壊するリコール署名の偽造事件に、少なくとも道義的・政治的に責任のある河村氏に対抗して、名古屋市における民主主義を回復するためには、最適の人物であると考え要請した。

岩城氏も前向きに要請を捉え、4月15日には立候補を表明することとなっていた。

ところが、岩城氏の出馬表明の直前、自民党名古屋市議団が横井利明元名古屋市議会議長を市長候補として擁立することを発表した。候補者としてほかに緑の党東海本部共同代表の尾形慶子氏が名乗りを上げており、このままでは反河村票が割れることを懸念した岩城氏は、立候補を取りやめ、尾形氏も横井氏と協議の上で、河村市長を倒すことが大義であるとして、最終盤に立候補を取りやめた。その結果、名古屋市長選は、減税日本の河村たかし氏と自民党の横井利明氏の一騎打ちという構図となった。横井氏には、自民党のほか、立憲民主党、公明党が支持し、共産党が自主的支持を表明した。

しかし横井氏は、リコール問題の発端となった「表現の不自由展・その後」の展示については、河村氏と同様の意見であり、負担金は支払うべきだとは言うものの、名古屋市民の前に、右翼的な発言を繰り返す河村氏との違いが鮮明にならなかった。さらに、コロナ対策で国民から見放されつつあった自民党の候補だという点も、多くの無党派の市民の支持を集めきれなかった原因となっていたものと思われる。事務局長が逮捕された後に行われた名古屋市長選挙の結果は、リコール不正署名問題があったにもかかわらず、リコール運動に強力な支援をしていた河村氏が名古屋市長に再選されるに至った。

リコール不正問題にもかかわらず河村たかしはなぜ再選されたのか

リコール不正署名問題で全国的に恥をさらしたにもかかわらず、リコール署名運動の中心人物である河村氏の再選を許したことは、名古屋市民にとって恥ずかしいことである。ではなぜ、河村市長の再選を許してしまったのか。再選を許したとは言うものの、選挙モンスターとも称される河村市長の今回の得票率は51・7％であり、次点の横井利明氏は45・5％と得票差は4万8000票差にまで迫った。前回選挙がダブルスコア（当選の河村たかし氏45万4837票・得票率67・84％、次点の岩城正光氏19万5563票・得票率29・17％）による河村氏の圧勝だったことからすれば、善戦であったと評価できる。

支持政党別の投票先が新聞社の取材により発表されている（図）が、これを見ると、自民党支持層は、河村氏に約54％、横井氏に43％が投票し、立憲民主党支持層が河村45％、横井50％、社民党支持層は河村50％、横井42％、れいわ新選組支持層は河村60％、横井30％、支持政党なし層は、河村55％、横井40％という結果であった。驚いたことに、自民支持層が自民党出身で元市会議長だった横井氏にではなく、過半数が河村氏に投票しており、立憲民主党支持層も半数に近い支持者が河村氏に投票している。

この結果は、コロナで失政を繰り返し、国民の失望を買っている自民党に対する批判票であると同時に、保守層が歴史修正主義的な発言を繰り返す河村市長に共感し、批判的でなかったことを示している。名古屋では河村氏は庶民の人気を集めている。リコール不正署名発覚以前には、

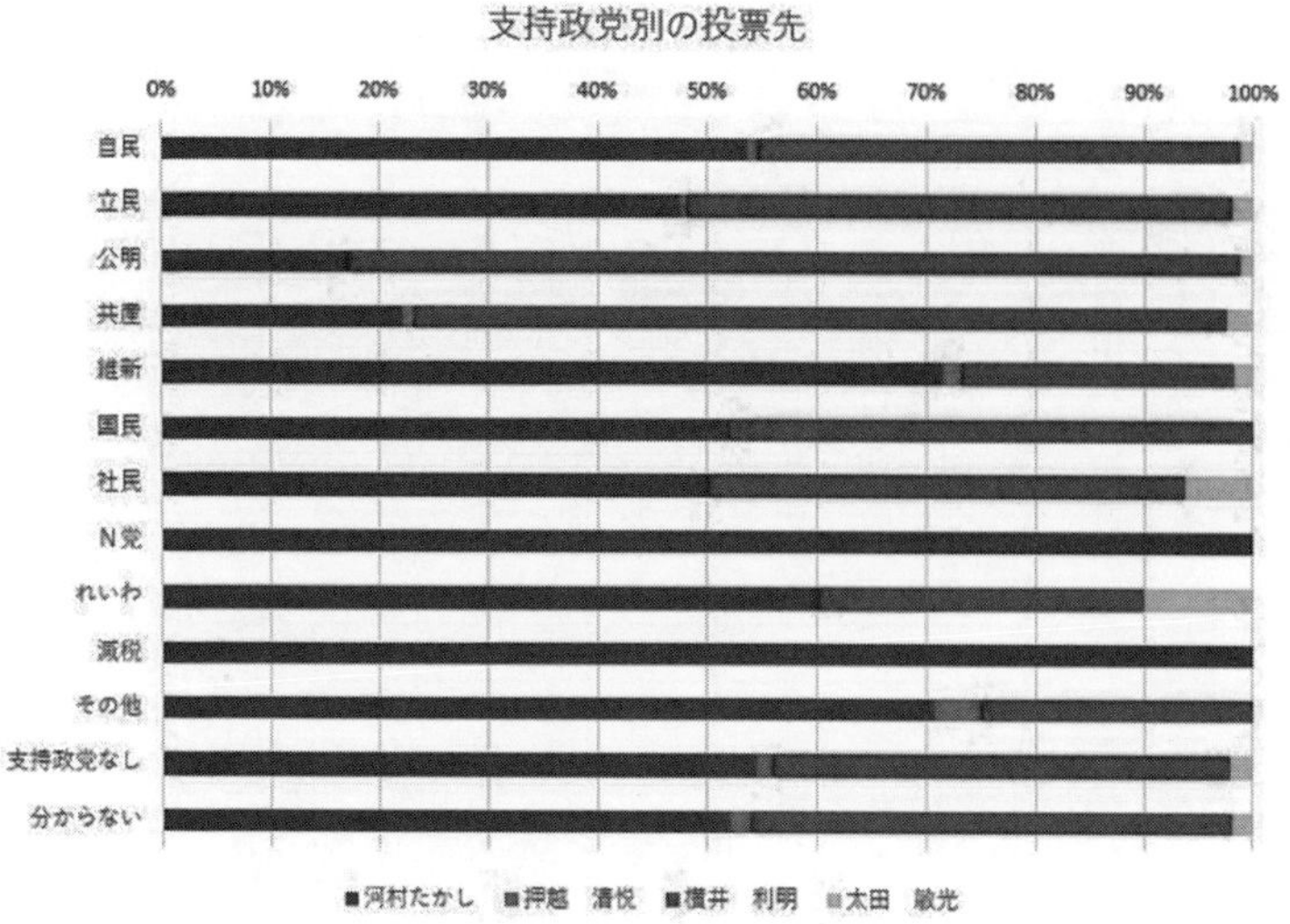

図:【名古屋市長選2021】投票日の出口調査結果
（中日新聞 2021年4月25日より許諾を得て転載）
https://www.chunichi.co.jp/article/243120?rct=nagoya_shicho2021_analysis

私たちが街頭宣伝で河村氏を批判すると、聞いていた高齢者の方が「なんで河村さんをいじめるのか」と言ってきたこともあった。弁護士である元自民党県議から私が聞いたところによれば、河村氏がこれらの庶民から人気がある理由は、呼ばれればどこにでも出かけていくからだという。その県議が地元のお年寄りに聞いた話では、「わしらの言うことを誰も聞いてくれないが、河村さんは呼んだら直ぐに来てくれ、話を聞いてくれる」と言っていたそうである。そのことを意識して河村たかし氏は、庶民派で気さく・親しみやすいことを演出するためにあの〝名古屋弁〟を意識して使っている。

私は市長選挙で河村氏の再選を許し

た最大の原因は、反河村でかつ反自民の候補を擁立できなかったことにあると考えている。また、名古屋市民に対して、民主主義の破壊という理念による批判だけでなく、そもそもの表現の不自由展中止問題を引き起こした河村氏の発言や行動の責任を正面から問うべきであったと思う。そして長期にわたって名古屋市長でありながら、実現したのは自身の市長報酬を引き下げたことだけで、何一つまともな成果を上げてこなかったことを正面から訴えるべきであったと考える。

同時に、表現の自由という精神的自由権についての無理解や、河村氏の発言の本質である差別排外主義、天皇制ナショナリズムによる大衆に対する煽動とその手先としてネット右翼を利用することがどれほどこの国の民主主義にとって危険であるかの理解を求める点において、不十分であったと反省している。多くの市民にとって、地方自治や民主主義の危機と言われても、自分たちにとって気さくで親しみを感じる河村市長を、本人は偽造署名には関与していないと言っているし、それだけで落選させるのは可哀想という素朴な感情や、減税を掲げて既成政党に対して闘うポーズをとる河村氏に対する幻想を打ち破ることができなかったことが敗因ではないだろうか。立憲民主党以下の野党支持者は、河村市長が元民主党の国会議員であり、自民党を批判する左派のイメージから自民党に対する批判票として河村氏に投票したのだろう。

しかし、河村市長の再選の報道がされた直後、リコール署名運動の中心であった高須氏は、河村市長と絶交すると発表した。偽造署名問題が発覚してから、河村氏と高須氏との間ではどちらがリコール署名を言い出したのか、両者の間で食い違いが出た結果が、これである。田中事務局長も河村氏当選を聞いてほっとしたと言いながら、すべてを田中氏に押しつける言動を取る河村氏を批判する発言を行なっている。たしかに、リコール運動を推進した「お辞めください大村秀章愛知県知事　100万人リコールの会」のツイッターには、今も、高須氏と河村市長の二人が街頭宣伝をしている写真が数多く載せられているし、会のツートップとの記載も残っている。河村市長が単なる支援者だというのは、常識からすれば考えられない。

4　2021年の「私たちの表現の不自由展・その後」に対する妨害

再び「私たちの表現の不自由展・その後」に対する妨害

2019年のあいちトリエンナーレの「表現の不自由展・その後」は中止の前後合わせても9日間しか開催できなかった。再開後は厳しい制限がついたため、作品を見ることができなかった多くの市民がいる。その見られなかった「表現の不自由展・その後」を多くの市民に鑑賞してもらおうと、展示中止以来、再開を求める運動を行なってきた「『表現の不自由展・その後』をつなげる愛知の会」は、2021年1月、名古屋市の市民ギャラリーで「私たちの表現の不自由展・その後」と題する展覧会の開催を申請した。会場である市民ギャラリーは名古屋市の施設であり、妨害も予想されることから施設の管理者と管轄する警察にも相談しながら、準備を進めてきた。

河村市長もあいちトリエンナーレと違い、税金を使っていない、主催者が自ら費用を負担して開催するのだから、市として許可しないわけにはいかないと答えて、使用を許可した。

ところが、開催が発表されるや、やはりネット右翼らによる妨害は激しく、会場の管理者である名古屋文化振興事業団に直接抗議をするだけでなく、抗議の街宣に加え、同一会館内で同時期に対抗企画である「トリカエナハーレ」というヘイトスピーチを掲載する企画を開催すると、名古屋市に申し込んだ。名古屋市は、過去に愛知県がヘイトスピーチ解消法に違反する可能性があることを理由に開催許可しなかったこの企画に、使用許可を行なった。しかも、「私たちの表現の不自由展・その後」と同一階の向かい合う会場で、会期の一部が重なるものの開催を許可した。明らかに妨害と混乱を目的としたものとしか考えられない。

東京では、「表現の不自由展・その後」の会場（民間のギャラリー）前のネット右翼による抗議行動によって、会場の使用ができず、会場変更をして開催を目指したが、遂に断念をせざるをえなかった。大阪でも「表現の不自由展」を開催する予定であった会場から使用許可が取り消されるに至った。理由は抗議活動による安全性を確保できないというものであるが、吉村大阪府知事は、指定管理者にこの判断は正しいという見解を伝えたと認めている。[*9]

２０２１年7月6日から11日まで開催予定であった名古屋の「私たちの表現の不自由展・その後」は、６日・7日の2日間、多くのボランティアと見守り弁護団に支えられ、会場内で大声を出す程度の妨害はあったが、平穏に開催された。

ところが、7月8日に会場の名古屋市民ギャラリー宛てに不審な郵便物が届き、「開場前に警察官立ち会いの上で、職員が開封したところ、爆竹のようなものが破裂した」との理由で、7階と8階からの退去を命じられ、開場前に会館内に入ってた観衆やスタッフ、ボランティア、見守り弁護団の全員が退去させられた。しかし、この時の退去は7階と8階のみであり、同じ建物内にある名古屋市中区役所や中保健所などは退去を求められることもなく、正常に業務を営んでいた。そのうえ、会期末の7月11日まで休館措置が解除されないことを理由に、「私たちの表現の不自由展・その後」は中止させられることになった。

名古屋市文化振興室との再開交渉

私は、7月10日夜に行なわれた名古屋市文化振興室室長および指定管理者の名古屋市文化振興事業団の部長に対して、休館措置の解除と展覧会の再開を要請した。主催者である「表現の不自由展・その後をつなぐ愛知の会」が、中止以後、警察にも今後の警備の話し合いに応じるように要請し、名古屋市からの要請があれば協議に参加するとの約束を得て、再開のための話し合いを求めた結果、ようやく開かれたのが、この夜の話し合いであった。

しかし、主催者の共同代表である私とほかに、警察との交渉や中止以降に名古屋市文化振興室との交渉に立ち会っていた弁護士2人、主催者の事務局長と事務局次長のメンバーとともに求めた話し合いに、名古屋市側は人数制限と時間制限を言い出し、長時間にわたり話し合いに入ろうとしなかった。なぜ人数を制限するのかという質問には、「会場がない」「同数でないと威圧される」などと、まともな理由にならない回答を繰り返すばかりであった。会場は展示室を含め広い場所が空いており、名古屋市側の職員を含めその数は、私たち主催者側のメンバーよりも遙かに多い人数であった。なんとか話し合いを引き延ばそうという狙いがみえみえの不誠実な対応であった。

しかも、市民ギャラリーは午後7時に閉館だと繰り返し、不毛のやりとりと時間制限という理由で打ち切るつもりなのがわかる対応であった。午後6時半を過ぎてようやく始まった話し合いでは、警察が協議に立ち会わない理由について、名古屋市側（主に名古屋市側は、文化振興室長が発言していた）は次のように発言した。警察は再開が決まったら警備の協議について同席するつもりだが、現在は警察の警戒レベルが24時間警備の必要なレベルの段階だと言っている。名古屋市としては、単なる脅しではなく、実際に危険物が送り付けられたという実行行為がなされたことを重く見ている。実行行為があった以上、最高裁判決の言う「明白かつ現在の危険」を超える状況が続いているという認識である。警察の捜査が続いている状態で、現時点で休館を解除する予定はない。以上のような回答であった。

私たちからは、危険物が送り付けられたその時の状況について、不審物だと考え警察官の立ち会いを求めたのになぜ職員が開封したのか、警察官に危険物の処理を任せればよかったのではないか、犯罪行為が行なわれたということで捜査を行なうことはわかるが、警察が（爆発物が館内に存在しないことを確認するなど）危険性がないことが確認できた段階で、休館措置を解除して使用許可どおりの使用を認めるべきではないかと再開を求めたが、名古屋市の対応に変化はなかった。

さらに私たちは、過去の危険物の送付と犯罪行為の捜査の必要があるとしても、将来に向けての危険性は別の問題である。24時間、機動隊が会館前に常駐している状態で会場への実力による妨害は考えにくい。再開した場合には金属探知機による検査や手荷物検査などを行なうことで回避できる。不審物の送付については、警察に開封を任せるなどの対応を取れば、将来の危険性は回避できると説得をした。名古屋市の文化振興室長は、これには回答できなくなり、警察が警戒レベルを下げない以上、休館を解除するわけにいかないとの返事を繰り返すばかりであった。

私は、2019年のあいちトリエンナーレの「表現の不自由展・その後」の再開についても、検証委員会の山梨俊夫座長やキュレーターとの間で再開条件について話し合った。その時に共通の認識だったのは、暴力によって表現行為が中止させられてしまう状態で終わってはいけない、この国の表現の自由の今後を考えてもなんとか再開をすることが必要だということは、交渉に参加した皆の共通の認識だったと、過去の経験を語り、このまま暴力によって表現が制約されることが既成事実として残ることは、表現の自由にとって、この国の将来にとって悪い例を残すことになる。そんなことを避け、なんとか表現の自由を回復しようというのが、ここに集まっている人たちの共通の願いではないか、そのために一緒に努力しようと名古屋市文化振興室長に訴えた。文化振興室長は、一瞬の沈黙の後、私の訴えを聞き、「皆さんの気持ちはよくわかった。私も組織人だから、この場で返事はできないが、組織に持ち帰って返事をする」と回答した。翌朝、検討結果を回答することで別れたが、時間は午後8時を過ぎていた。

ただ現時点で振り返ると、あの交渉中に文化振興室長は心を動かされたことが見えたが、彼の脳裏には河村市長の顔が浮かび、絶望的な気持ちになったと思う。最終日の朝に回答するはずであった回答は、結局来ることなく、こちらから話し合いに立ち会っていた弁護士が何度も電話をかけて、ようやく11日の昼頃になって、これから会議を開くという返答であった。時間稼ぎをして使用許可の時間が過ぎるのを待つという対応に出たのである。7月11日、結局、再開できないまま名古屋の「私たちの表現の不自由展・その後」は期限を迎えてしまった。

この日、展示してあった作品を引き継いだ大阪の実行委員会は、会場の使用許可を取り消す行政処分の取消を求める行政訴訟を提起し、使用許可取消処分の執行停止を求めた。短期間の審理によって、裁判所は会場使用を認めた。高裁に対する抗告も最高裁に対する特別抗告もいずれも退けられ、大阪では無事3日間の展示を平穏に終えることができた。大阪の「表現の不自由展かんさい」にも、名古屋と同じように不審な郵便物が送られた。しかし、名古屋の事件を教訓にして備えていた大阪では、不審な郵便物は郵便局に止め置き、警察に引き渡して処理され何事もなく終わった。不審郵便物に対する適切な対応により危険性は排除できると主張していた私たちの言い分が、事実によって証明されたのである。

5　河村たかし名古屋市長とは何者か？

河村たかしの政治手法

河村氏は、民社党の故春日一幸衆議院議員の秘書から政治への道を歩み出している。その後、一時自民党に入党し、1990年に旧愛知1区から自民党の公認を得られないまま衆議院選に立候補し、落選。1992年に自民党を離党し、1993年に日本新党から旧愛知1区で衆議院選に立候補し当選。以後、新進党、自由党、民主党と所属する政党の合流などによって所属政党を変え、5回衆議院選挙に立候補し当選している。2009年に衆議院議員を辞職して名古屋市長選挙に立候補し、2010年の市議会のリコールを経て、連続5回、名古屋市長選挙に立候補し当選している。途中、減税日本を全国政党にし、第三極づくりに加わろうとしたが失敗し、自ら作った減税日本は名古屋限定の地域政党にとどまる。近時は、日本維新の会との連携を目指し緊密な関係を作ろうとしているようである。

この経歴からわかるように、選挙モンスターと呼ばれるほど選挙には強い。その売りは、気さくさ。オフィシャルサイトには、「気さくな72歳」と書かれ、サイトには、「友だちのような市長。河村たかし」という言葉が並ぶ。選挙になれば、ヘルメットをかぶり自転車で名古屋市内を走り回る。ポピュリスト（大衆迎合主義）とも批判される河村氏であるが、彼にとっては大衆に受けること、面白い奴と思ってもらうことこそ行動の基準なのであろう。名古屋人にとっては、「今時、あんな名古屋弁をしゃべる人はいない」「気持ち悪い」と嫌う誇張された名古屋弁も、彼がターゲットにする庶民への「友だち」アピールなのであろう。

そういう河村氏にとって第一に心がけることは、話題を作ること、すべてがパフォーマンスだと考えれば理解しやすい。東京オリンピック後の挨拶に訪れたソフトボール選手の金メダルをかじったことも、セクハラまがいの発言をしたことも本人にとっては、親しみの表れ、受けると思ってやった行動であろう。謝罪になっていない謝罪会見での発言を見てもそれがわかる。

彼の政治手法は、敵を作り市民を味方につけることである。減税を掲げ、ことあるごとに公務員を「税金だけで食っている人間」と攻撃し、市長選で自らに対立する候補を応援する市議会議員については、「議員生活協同組合」などと批判する。市議会に対するリコール運動や大村知事に対するリコール署名はその典型的な例である。

「慰安婦」否定発言と南京大虐殺否定発言

同時に、南京大虐殺がなかったと発言し、「慰安婦」問題についても、朝日新聞の「誤報」による謝罪を根拠に軍による「慰安婦」の「強制連行」がなかったと、歴史修正主義の発言を続けている。

名古屋市を被告として起こされたあいちトリエンナーレ実行委員会による負担金訴訟でも、意見陳述を求め、その中で、「朝日新聞の『誤報』」によって、日本国及び日本国民が『国辱』を受けました。すなわち、朝日新聞において、旧日本軍により、「慰安婦」が『強制連行された』などという、歴史的な事実・根拠に基づかない報道が、全世界に向け、大々的に、何度もくりかえし発信されたために、あたかも、「慰安婦」の『強制連行』が歴史的事実であるかのごとくに誤解され、日本国民、及び韓国国民のみならず、全世界にわたって多くの人々に信じ込まれてしまいました。そして、いわゆる従軍慰安婦像は、特に韓国の方々は旧日本軍による戦争被害の象徴的存在として、反日感情をかき立てる目的で、造形され、展示され続けていることは周知の事実です」と述べている。

朝日新聞が「誤報」として取り消したのは、「慰安婦」を強制連行したとする吉田清治氏の証言を報じた記事だけである。吉田清治氏の人間狩りのようにして強制的に連行したという趣旨の証言が虚偽であることが判明し、それが明らかになったために記事の取消をしたに過ぎないのである。ところが、あたかも「慰安婦」を従軍させたことについて軍の関与が一切なかったかのように言って批判しているのが、河村氏の「慰安婦」否定発言の特徴である。

ネット右翼を中心とした日本国内における慰安婦問題への批判は、いずれも同様である。しかし、吉田清治証言については、読売新聞や産経新聞も、朝日新聞と同様の報道を行っていたのであるが、誤報批判は朝日新聞のみを対象につづけられている。

朝日新聞は2014年8月5日の特集で、「慰安婦」について、「戦時中、日本軍の関与の下で作られた慰安所で、将兵の性の相手を強いられた女性。政府は1993年8月に河野洋平官房長官が発表した談話（河野談話）で『当時の軍の関与の下に多数の女性の名誉と尊厳を深く傷つけた問題』と指摘した」と紹介し、「慰安婦」の強制性について、「93年8月に発表された宮沢政権の河野洋平官房長官談話（河野談話）は、『慰安所の生活は強制的な状況で痛ましいものだった』『募集、移送、管理等も、甘言、強圧による等、総じて本人たちの意思に反して行われた』と認めた。関係省庁や米国立公文書館などで日本政府が行なった調査では、朝鮮半島では軍の意思で組織的に有形力の行使が行なわれるといった『狭い意味の強制連行』は確認されなかったといい、談話は『強制連行』ではなく、戦場の慰安所で自由意思を奪われた『強制』性を問題とした」と検証し、結論部分で、「97年の特集では『本人の意思に反して慰安所にとどまることを物理的に強いられたりした場合は強制があったといえる』と結論づけた。／河野談話が発表されて以降、現在の安倍内閣も含めて歴代の政権は談話を引き継いでいる。一方、日本軍などが「慰安婦」を直接連行したことを示す日本政府の公文書が見つかっていないことを根拠に、『強制連行はなかった』として、国の責任がまったくなかったかのような主張を一部の政治家や識者が繰り返してきた。／朝鮮など各地で「慰安婦」がどのように集められたかについては、今後も研究を続ける必要がある。だが、問題の本質は、軍の関与がなければ成立しなかった慰安所で女性が自由を奪われ、尊厳が傷つけられたことにある。／これまで「慰安婦」問題を報じてきた朝日新聞の問題意識は、今も変わっていない」としている（https://www.asahi.com/articles/

ASG7M03C6G7LUTIL06B.html)。

この特集の朝日新聞の姿勢についても批判はあるが、問題の所在が、連行の方法の強制性ではなく、慰安所の設置や管理などに軍が関わっていること、そこに強制性があり、それが「軍の関与がなければ成立しなかった慰安所で女性が自由を奪われ、尊厳が傷つけられたことにある」と本質を提示していることを重視する必要がある。

河村市長の法廷での意見陳述のように、吉田証言に基づく「強制連行」に関する朝日新聞の報道が世界に誤解を広げたというのであれば、同様の報道をした読売や産経なども批判されるべきである。朝日新聞のみが攻撃の対象となったのは、安倍内閣以降、河野談話は引き継ぐと言いながら、募集方法の「強制性」のみがなかったことを理由に、国の責任を否定し、あたかも朝日新聞の報道によって日本政府が世界の各国から批判されているかのようにえがき出そうとするものである。これは明らかな論理のすり替えである。

日本は1930年に国際労働機関（ILO）の強制労働禁止条約を締結し、批准している。募集における詐欺や管理の際の強制性は、この強制労働禁止条約が禁止している「強制」にあたる。日本軍「慰安婦」が強制労働禁止条約に違反するかどうかについて、ILOの「条約及び勧告の適用に関する専門委員会」は、1996年度と1997年度の2回にわたって専門委員会報告書で、日本の「従軍慰安婦」が強制労働禁止条約に違反しているとの見解を示している。安倍内閣以降の日本政府および河村名古屋市長は、「慰安婦」問題について、問題をあたかも募集時における「強制連行」があったかどうかのみに限定し、それが否定されたことで、「慰安婦」問題について国家としてまったく責任がないことを前提に、「慰安婦」問題がなかったかのように主張している。

先の朝日新聞の特集で小熊英二慶応義塾大学教授は、この点を指摘し、「日本の保守派には、軍人や役人が直接に女性を連行したか否かだけを論点にし、それがなければ日本には責任がないと主張する人がいる。だが、そんな論点は、日本以外では問題にされていない。そうした主張が見苦しい言い訳にしか映らないことは、『原発事故は電力会社が起こしたことだから政府は責任がない』とか『(政治家の事件で)秘書がやったことだから私は知らない』といった弁明を考えればわかるだろう」とコメントしている。

南京大虐殺否定発言についてもまったく同様である。2012年2月20日、名古屋市と姉妹都市である中国南京市の友好使節団が表敬訪問した際、河村市長は、中国共産党南京市委員会の幹部に「南京事件というのはなかったのではないか。通常の戦闘行為はあるけどね。あって残念だけれど」と発言した(前掲『河村市政の裏表』72頁)。この点について、市議会で質問された河村市長は、「遺憾なことが一人もなかったと言ったわけではない。戦闘行為に伴う残念なことはあった」としつつ、「非武装の市民を組織的に大量虐殺したことはない」と答弁した。しかし日本政府ですら、被害者の人数は諸説あるとしつつ、「日本軍の南京入城後、非戦闘員の殺害や略奪行為等があったことは否定できない」(外務省ホームページ)との見解を示している。

河村市長の発言の根拠に元秘書は、「父親が終戦時に南京市で世話になった。自分たちを卑しめた人を、これほど優しくしてくれるか」と語ったという（『河村市政の裏表』74頁）。同じ趣旨の発言はほかでも行なっているようで、「河村市長の父親が『南京事件の8年後の終戦時（1945年）に南京にいた』が、現地の人からとても親切にされたと指摘し、『虐殺があったところでそんなに優しくしてもらえるはずがない』と、自らの『分析』も披露した」（https://www.j-cast.com/2012/02/21122931.html）という報道もされている。

ここでも、被害者の人数に疑問があることや一部の証拠に疑問があることが南京大虐殺否定論者の根拠であるが、一部の証拠の真実性に疑問があることや人数に諸説あることが、全ての事実の否定につながるというのが論理の飛躍だというのは明らかである。ましてや父親が優しくしてもらったから、南京大虐殺がなかったというのは、どんな発想をすればそうなるのか、理解に苦しむ。河村氏にとっては、事実がどうかという問題よりも、大きな話題になることが何よりも政治家として重要なことだと認識しているのであろう。

右派へのすり寄り

河村市長は一方で脱原発を表明し、共謀罪についても反対の意思を明確にしている。他方、前述のとおり、「慰安婦」問題や南京大虐殺の否定発言をしている。脱原発や共謀罪反対は左派的な主張で、「慰安婦」問題や南京大虐殺の否定発言は右派的な主張だということで、河村氏については、右派と左派双方から自らの立場に近いと思われ、期待を寄せられる面がある。実際に河村氏は、2021年の名古屋市長選では、どの政党の支持層からも相当な比率の得票を得ている。このような結果となるのは、彼の言動だけでは右派か左派か判然とせず、時々の大衆（彼がターゲットにしている庶民層）がどのような発言をすれば支持してくれるかを意識して行動しているからであろう。

ただ彼は、第二次安倍内閣以降、自公政権が明確に対米従属路線の下で、日米ガイドラインの改定から集団的自衛権行使の容認、安保法制の制定へと国全体を右傾化させていく中で、第三極づくりのために日本維新の会や太陽の党との合流を模索したこともある。しかしこれは失敗し、自ら立ち上げた減税日本も、名古屋市議会でいったんは多数を占めるまでに至りながら、所属議員の不祥事や失言などにより多くが党を抜け、全国政党を維持できず、地域政党になってしまった。松井大阪市長や吉村大阪府知事ら日本維新の会との関係は、「表現の不自由展・その後」の中止問題や大村知事リコール署名運動での緊密な関係から見て、今も連携が続いているようであるが、それ以外の動きはいずれも失敗したと思われる。

そのような状況で、大村知事との関係は、雑誌上でお互いに非難を応酬するほど悪化し、河村市長の主張は、日本維新の会やその支持勢力であるネット右翼によって支持・支えられており、彼の言動にもそれを意識していると思われる発言が目立つようになってきている。

いわば自らの支持を広げるための右派へのすり寄りである。そしてそれは、現在の日本が、大きく右寄りにシフトしたことと無関係ではない。

6　問題の政治的背景

戦争する国の体制づくりとネット右翼の役割

安倍晋三氏は第一次安倍内閣で教育基本法を改正し、国民投票法を制定した。そして、第二次安倍内閣では憲法改正を目指すことを鮮明にし、2013年には国家安全保障会議設置法を改正し、特定秘密保護法を制定。2014年には、集団的自衛権容認の閣議決定を行なった。

これは、一内閣の閣議決定で戦後一貫して維持してきた憲法9条の解釈を変更し、自国防衛だけでなく、緊密な関係にある他国（安保法制の法案段階では米国のみと言っていたが、成立してみれば、そのような限定はまったくない）のために、自衛隊が武力を行使することも憲法9条が認めていると言い出し、安保法制という形で法律化してしまった。2017年には多くの市民の反対にもかかわらず、共謀罪を制定した。

安倍内閣の継承を明言した菅内閣は、2021年にコロナ禍にもかかわらず、デジタル情報の管理の面から総理大臣により各省庁や地方自治体に対して指示・勧告できるデジタル独裁法と言える「デジタル改革関連法」を作り、ついには戦前の要塞地帯法とも言われるような「重要土地規制法」も強行的に成立させてしまった。

これらの法律は、憲法9条を改正して日本を戦争する国にするというだけでなく、それを法制上支えることのできる国家体制を築くことを狙ったものである。秘密保護法は、主権者国民に対して国の重要情報を開示しないという民主主義の基礎である情報の開示を制限した法律であり、共謀罪は、組織犯罪の防止が目的であると言いながら、法案段階での国会での質疑が明らかにしたように、人の内心にまで立ち入って処罰が可能となる法律である。重要土地規制法は、重要施設と指定した基地や原発周辺1キロメートルに所在する土地・建物を所有し、居住する者を監視することを法的に可能とする法律である。

これらの法律が意味するところは、国民は国家の監視の対象とするが、国は主権者であるはずの国民には情報を開示せず、国が必要だと判断すれば、他の国と一緒に戦争もする国になるのだと明確にしているのである。安保法制が違憲であると全国各地で違憲訴訟が提起されているが、その道を封じるために、憲法の明文改憲も画策しているのが、現在の自公政権である。

表現の不自由展・その後の中止に始まる今回の一連の事件は、まさにこのような国の動きを背景にして起こったものである。現在の自公政権は、今、ここにある経済的利益を最優先し（決して日本という国全体ではなく一部企業の利益の優先）、日本とそこに暮らす人々の生活と命、健康を全く顧みない政策を続けてきている。

このような政治動向を背景に、強権的な体制を強める国に対して逆らうような言動に対し、意識するか否かにかかわらず、政権の手先として罵詈雑言を浴びせ、差別し運動を潰すのが、ネット右翼の役割、機能である。発端が、日本維新の会の松井大阪市長にあり、それに示唆された河村名古屋市長の中止発言、それをきっかけにネットやマスコミを通じて広がった嫌韓、差別・排外主義と歴史修正主義の言動がインターネットに氾濫し、それがインターネットの匿名性によって増幅されて、「慰安婦」、天皇、戦争などに対して批判的とレッテル貼りされた作品を叩き、排除することに市民が煽動されてしまったのが、2019年のあいちトリエンナーレの「表現の不自由展・その後」中止の政治的な背景である。

大村知事に対するリコール運動を挟み、2021年の東京、名古屋、大阪に起こった一連の「表現の不自由展」に対する脅迫や妨害と、それらに対する警察と自治体の対応は、このような政権に対する忖度と批判的な対抗言論の弱さ、批判的市民の力の弱さを見透かしたものであろう。その中でも大阪地裁、高裁、最高裁決定に現れた表現の自由の重要性を強調する司法判断は、いまだ司法が生きているのだと示す意味でも極めて重要である。

近代民主主義における内心の自由の重要性と日本における軽視

丸山眞男は、「超国家主義の論理と心理」という戦前日本の超国家主義の構造を明らかにした有名な論文で、第1回帝国議会招集を目前に控えて、教育勅語を発布したことの意味を「日本国家が倫理的実体として価値内容の独占的決定者たることの公然たる宣言であったといっていい」とし、次のとおり述べている。

「国家が『国体』に於て真善美の内容的価値を占有するところには、学問も芸術もそうした価値的実体への依存よりほかに存立し得ないことは当然である。しかもその依存は決して外部的依存ではなく、むしろ内面的なそれなのだ。国家のための芸術、国家のための学問という主張の意味は単に芸術なり学問なりの国家的実用性の要請ばかりではない。何が国家のためかという内容的な決定をば『天皇陛下及天皇陛下ノ政府ニ対シ』（官吏服務規律）忠勤義務を持つところの官吏が下すという点にその核心があるのである。そこでは、『内面的に自由であり、主感のうちにその定在をもっているものは法律のなかに入って来てはならない』（ヘーゲル）という主観的内面性の尊重とは反対に、国法は絶対的価値たる『国体』より流出する限り、自らの妥当根拠を内容的正当性に基礎づけることによっていかなる精神領域にも自在に浸透しうるのである。／従って国家的秩序の形式的性格が自覚されない場合は凡そ国家秩序によって捕捉されない私的領域というものは本来一切存在しないこととなる。我が国では私的なものが端的に私的なものとして承認されたことが未だ嘗ってないのである」（丸山真男『増補版　現代政治の思想と構造』未来社、１９７７年、15～16頁）

このように戦前において日本は、近代立憲国家の前提条件である内心の自由を認めておらず、それが戦前の超国家主義体制を支える論理であった。この論理によって、美濃部達吉の天皇機関説は攻撃されて彼は公職を追われ、滝川事件では自由主義的な刑法学説を唱えたというだけで京都帝国大学の滝川幸辰教授は弾圧された。治安維持法という悪法によって、政府に不都合な思想や言動は存在を否定されたのである。敗戦後に制定された日本国憲法は第3章で基本的人権の保障を明記し、憲法19条で思想信条の自由を、20条で信教の自由を、21条で集会・結社および言論、出版その他一切の表現の自由を保障し、23条で学問の自由を保障したことで、超国家主義の論理による内心への国家の介入は明確に否定されたはずであった。

戦争へ向かう国づくりと政府による内心への介入

ところが、これら日本国憲法で否定されたはずのことが、安倍首相が戦後レジームの見直しを唱え、戦争ができる国へと向かう中で復活していき、逆に言えば、日本国憲法で明確に保障された基本的人権に対する侵害が露骨に行われたのである。基本的人権の侵害は、政府の方針に反するものが対象となった。

第一次安倍内閣においてイラク特措法の制定、憲法改正のための国民投票法が制定され、教育基本法改正、防衛庁設置法が改正されたのは、偶然ではない。第一次安倍内閣とそれを支えた自公政権が目指したものは、米国の指示の下、自衛隊を海外に派遣し、海外で戦闘できる国にすること、そのために障害となる憲法を改正し、体制の整備として防衛庁を防衛省にし、教育基本法改正によって、日本の伝統や郷土を愛することを教え、個人の尊厳や個人の価値を尊ぶという日本国憲法の根幹の思想を否定し、「公共」の精神を尊ぶことを教えるという点にあった。まさに内心にまで手を入れるという意味で、近代立憲国家の原理を否定しようというものであったのである。

２００９年に自公政権から民主党政権に交代し、このような復古的な政策の見直しが可能になった段階で、鳩山由紀夫首相（当時）の普天間基地を「最低でも県外へと」いう政策が、米国とそれに従属する官僚・政党・メディアの大合唱の中で潰された。そこに東日本大震災・福島原発事故という未曾有の災害が発生した。時代は再度転回した。南京大虐殺の否定発言は、この時期に行なわれたのである。意図的か否かは別にして、まさに反動的・復古的な政治の動きが見通される時、歴史修正主義（私は明らかな歴史上の事実をなかったことにしようとする意味で、歴史改ざん主義だと考えている）的な発言を行ない、右寄りの勢力へのアピールと世論への働きかけの役割を担ったものである。同じ年２０１２年12月に、政権交代し第二次安倍内閣が誕生したことが世論の動きを象徴している。

あいちトリエンナーレ事件のあった２０１９年までに第二次安倍内閣は、２０１３年に国家安全保障会議設置法を改正、特定秘密保護法を制定した。さらに２０１４年には、戦後政府が一貫して堅持してきた集団的自衛権の行使は日本国憲法９条に違反するとの解釈を一片の閣議決定によって変更。２０１５年には、安保法制を制定し、本格的な海外派兵体制の法整備を完了した。２０１７年には共謀罪法を制定した。内心を処罰するという意味で、この法律が担う機能は戦前の治安維持法と同様だという批判が適切である。

この動きは、自公政権が法制度上、海外で戦争できる国にしようというだけでなく（先行して装備や訓練も海外派兵体制を着々と整えて来たが）、国民の内心をも管理し、その表れである表現行為をも規制しようという動きであった。

その端的な表れが、2019年8月のあいちトリエンナーレにおける「表現の不自由展・その後」の中止事件である。冒頭経緯を述べたように、この事件の発端は、日本維新の会の松井大阪市長による河村名古屋市長に対する発言にある。それに続いて菅官房長官（当時）が助成金の見直しに言及したことは、政権が松井・河村発言を支持したことをマスコミを通じて国民に表明したことになる。それに答えたのが、ネット右翼である。

河村名古屋市長は法廷での意見陳述では、《平和の少女像》と天皇の肖像画を燃やしたとして、大浦信行氏の《遠近を超えてpart II》を、大村知事に中止を求めた時に対象としてあげたというが、2019年8月2日の視察直後のぶら下がり会見では、批判の対象は《平和の少女像》にあった。それがマスコミを通じて広げられることにより、嫌韓・差別排外主義的な言動を繰り返していたネット右翼がインターネットを通じて拡散し、市民に対して「表現の不自由展・その後」展を妨害するよう呼びかけ、FAX・メール・電話などによる多くの抗議を引き起こしたのである。

この事件の弁護を依頼された時、戦前の言論弾圧事件や学問自由・思想信条の自由を侵害された滝川事件や天皇機関説事件のように、日本社会が変質していくきっかけになるのではないかと、私は危機感を抱いた。同じ危機感を大村知事も抱いたようである。「日本社会が危険だ、日本は戦争に向かっている――そういう警鐘をきくたびに僕はずっと『それは言い過ぎだ。日本は成熟した民主主義国家だよ』と思ってきました。けれど今回の件で初めて、日本は危険な国、危険な社会になりつつあると感じました」（井澤宏明「改めて問う『不自由展』中止」『放送レポート』283号25頁に、朝日新聞のインタビューとして紹介されている）と答えたという。

この事件は何を明らかにしたのか?

右翼による街宣車を連ねての街頭宣伝、脅迫、妨害によって、2021年、東京では表現の不自由展が開催中止に追い込まれ、名古屋では2日間開催できたものの、「爆竹のようなものが送られた」という理由で会場が休館に追い込まれ、その後の展示は中止に追い込まれた。大阪ではいったん使用許可された会場の使用取消がされ、裁判手続きを経て、多くの市民の協力により開会が可能となった。

あいちトリエンナーレ2019の「表現の不自由展・その後」の中止に始まったこの問題は、現在も引き続き、日本の歴史修正主義や差別排外主義的な意識がこの国に根強くあり、その意識に乗じて天皇の肖像画を焼くことは許されないとか、《平和の少女像》を公的な場で飾ることは許されないという、素朴な感情を煽って表現の自由を制約しようとする力が一層強くなっていることを示している。そもそもの発端は、日本維新の会やそれに示唆された河村名古屋市長、菅官房長官ら政治家の発言によって、ネット右翼や一般市民が煽られ、抗議行動に出たことにある。

作品を見ることもなく、その作品に込められた作者の思いも知ることなく、恣意的に切り取られた一部の映像だけを拡散し、歪められた言動によって抱いた激情から深く結果を考えることもなく、抗議行動に及んだ市民が数多くいる。その後のリコール署名運動、名古屋や大阪の表現の不自由展に対する妨害行動はネット右翼が実行者として妨害行動を繰り返し、行政がそれを助長・追認するような態度を取っている。その結果、この国の人権状況は極めて憂うべき状況となっている。

権力の気にいらない表現は、ネット右翼を手先として社会的な世論の力で封殺される。人権が国家だけでなく社会的な力によって封殺されることの危険性は、J・Sミルが『自由論』の中で指摘しているところである。[*10]

この国は、今、極めて危険な状況にある。立法改憲を進めて戦争する国へと向かう国づくりの歩みと歩を一にしている時代に生きる私たちは、このような危険な徴候に対して声を上げなければならない。戦前と同じ過ちを繰り返さないために、歴史に学ぶ必要がある。コロナ禍で政府に対する国民の批判は強まっているが、そうした批判を逆にコロナを利用した強権的な監視国家を作ることによって抑え込もうとされているのが、現在の状況である。今この国で進んでいる事態の本質を見抜き、私たち一人ひとりが自分の自由と人権を、子どもや孫の生存と権利を守るために、闘わなければならない時だと思う。

ネット右翼とは何か?

表現の不自由展を攻撃する先頭に立つネット右翼は、ヘイトスピーチを繰り返し、在日外国人の人権を侵害する攻撃を繰り返している。ネット右翼についてその実態を明らかにしようとした『ネット右翼とは何か?』(青弓社)で、倉橋耕平氏は1990年代の右派論壇において、歴史学の通説に対して「みんなで考えよう」「みんなで考えたことを共有しよう」という「参加型文化」と「集合知」を学術出版ではなく商業出版で展開した結果、「政治言説では売れる言説こそが正しいという『文化消費者の評価』が重要視されていく時代へと変化していった」ことを紹介している(同書111頁~112頁)。

倉橋氏が紹介するネット右翼のマスコミに対する態度の変化について、古谷経衡氏は、前期ネット右翼は「2002年のサッカーワールドカップを契機に、『アンチ既存の大手マスメディア』という立場をとったと分析」し、「旧来の保守論壇は、『インターネット・リテラシー』を欠き、従来のメディアに自閉していたためネット右翼とは距離があったが、その垣根を取り払ったのが、『チャンネル桜』によるネット動画」であり、それを媒介にして後期ネット右翼が誕生したとしている(前掲書114頁)。ネット右翼が言う「守旧的イデオロギー」「反日イデオロギー」というのは、既存メディアの「旧思考左翼の言論空間」であり、既存大手メディアの活動全般がそれにあたる。そこから、「日本の独立自存のために、日々努力する安倍政権を、明らかな嘘と印象操作で以って追い落とそうとする反日マスコミは、日本国民共通の敵」（前掲書119頁）だという考えに至るのである。

ネット右翼が主戦場とするのは、既成メディアとその報道内容が体現する「反日」たたきであり、そのシンボルである韓国を意識した書き込みは、ネット右翼的に正しい行為となるというのである（前掲書11頁）。

歴史の通説に対して、みんなで考え、多数決で決めようという発想は、歴史の真実を探ろうという姿勢からはほど遠く、そこで多数を得ることが正しいこととなるという論理自体まったく理解できない。加えて、既成メディアを政権を批判するから「反日」だと決めつけ、反日のシンボルである韓国に関する既成メディアを批判する書き込みを正しい行為だと評価するというは、最初から敵を決め、その敵をたたくことは正しいという思考方法である。しかもその敵は、現在の政権を批判する者だというのだから、ここには頭から政治権力に対する懐疑も警戒心も頭から存在しないのである。

ここには、民主主義が持つ原理的な矛盾と、インターネットがそれを助長しているという問題が現れている。

すべての個人は平等だという原則に立つ民主主義的社会では、人は誰にも依存することなく、すべてを自分で判断することを願う。人間が平等である以上、いかなる個人も特別の権威を持つことはないからである。自分は他のいかなる個人に対しても劣るものではない。そうである以上、すべてのことは自分自身で判断したくなる。しかし、このような個人の願いは、皮肉な形で裏切られることになる。確かに一人ひとりは特別な存在ではないが、それは自分も特別な存在ではないことを意味する。そうであれば、自分と同等な諸個人から構成される多数者の意見に、人は抗することができないこととなる。

第2に、伝統的な社会的つながりから切り離され、自分の世界に閉じこもりがちな民主主義社会の諸個人にとって、身の周りのことですら、隣人と協力して自ら処理することが難しくなる。日常生活で人々と一緒に何かをするという経験が欠けているため、何かの必要が生じても、直ちに結びつきを作ることができなくなるからである。身の周りの個人と力を合わせることができない諸個人は、遠い国家権力に依存することになる。民主的社会の個人は、特定の個人に依存することを非常に嫌う。それは特定の個人に依存することは、不当な権力の現れとして見えるからである。しかし、遠くにある一般的な形式をとる権力に依存するのは、平気である。それが非人格的なものにみえるために人々のプライドを傷つけないからである（以上、宇野重規『民主主義のつくり方』筑摩書房93頁～94頁を参照）。

その意味で、インターネットが国家権力に依存する人々を作り出したというのは正しくない。民主主義社会が原理的に国家権力に依存する人々を生み出すのである。ただ、インターネットが多くの普通の市民に発信の機会を与え、自分の発言を他の人々に届ける手段を飛躍的に多く持たせることになったことは間違いがない。情報はインターネットを検索すれば簡単に手に入る。しかも、得られる情報の多くは、自らの言説の権威付けのために情報技術にたけた人々が入手できる知識やそれを加工し、売れる言説として大量に社会に発表されたものである。

7 最後に

民主主義の前提は、権力は濫用されるという懐疑に基づいている。権力の濫用を防ぐための重要な制度として自由な言論があり、それを担うマスコミに権力に対するチェック機能を認めているのである。それが、日本国憲法が謳う「言論、出版、その他一切の表現の自由」を保障することの意味である。権力の濫用をチェックすることを「反日」という言説で批判するネット右翼の思考は、民主主義社会において根本的な誤りを犯している。歴史的な研究に基づく事実を否定し、自分が気に入らない言説や表現を排除し妨害しようとするネット右翼の言動は、日本国憲法が保障している民主主義とも基本的人権とも反するものである。

リコール不正署名問題で明らかになったのは、彼ら歴史修正主義者やネット右翼の現実の社会に占める勢力は大きなものではなく、86万人の署名を集めようとしても、わずか7万人の署名しか集められない程度の力なのである。ネットで力を大きく見せかけ、マスコミがそれを報道することによって実態以上に大きな影響力があるように思わせているが、見せかけほどの力が存在しない。そのことを、偽造という犯罪行為に手を染めてまで署名数を水増しにしようとしたことは示している。

私たちは現在日本に蔓延している空気に逆らい、憲法の保障する人権を守れという声をあげて、この閉塞感を打ち破らなければならない。諦めることは現状の追認である。人権を守れという声は、人間が本来持つ願いである。

＊1　岡本有佳・アライヒロユキ編著『あいちトリエンナーレ「展示中止」事件　表現の不自由と日本』（岩波書店、2019）参照。

＊2　2019年9月17日付け　第2回あいちトリエンナーレのあり方検証委員会「これまでの調査からわかったこと」（資料1）5頁によれば、「あいちトリエンナーレ実行委員会事務局及び県庁が受けた講義は、合計で10379件　電話2936件、メール6050件、FAX392件」である。同資料に付された「不自由展」関連抗議等の件数グラフの8月1日〜3日までの抗議件数は、8月1日メール・FAX505件、電話200件、8月2日メール・FAX906件、電話274件、8月3日メール・FAX875件、電話200件となっており、メール・FAXによる抗議の35％、電話による抗議の17％が開催から3日間に集中していた。

＊3　2019年7月18日に京都アニメーションにガソリンが撒かれ放火されるという事件が起きていた。

＊4　仮処分事件の経過については、中谷雄二「あいちトリエンナーレ「表現の不自由展・その後」再開へのたたかい」（部落問題研究所『人権と部落問題』２０２０年5月号）参照。

＊5　これは、リコール不正署名に関して相談活動を行っていた岩城正光弁護士が、3月7日に名古屋市内で開かれた「リコール不正許せない！　3・7市民集会」での発言で明らかにした。

＊6　中日新聞２０２１年5月23日「リコール問題特設コーナー〈作られた民意　リコール署名偽造事件〉（下）『選管は数えるだけ』誤算」参照。

＊7　名古屋市長選で河村氏の対抗馬であった横井利明候補が名古屋市議の時代に、名古屋市議会でリコールに関わる人物が河村氏と親しい関係にあったことを追及していた。

＊8　２０２１年7月12日の定例記者会見はYouTubeに公開されている（https://www.youtube.com/watch?v=eAWjcbOFD50）名古屋テレビ記者との前半の質疑応答は、44分17秒～46分36秒に、後半の質問と応答は、53分58秒～54分57秒にかけて、そのやりとりがアップロードされている。名古屋市のホームページからリンクしている同じ記者会見動画（https://www.youtube.com/watch?v=fGMtqLbFbsw）では、前半の質疑応答しかなく、後半のやりとりはすべて削除されている。

＊9　朝日新聞２０２１年6月27日付。

＊10　宇野重規『民主主義を信じる』（青土社、２０２１）は、２０１９年の参院選の投票率の低さと合わせて、「あいちトリエンナーレ２０１９における『表現の不自由展・その後』の中止とそれをめぐる騒動。自由と民主主義を守る砦が脅かされ、その社会的基盤が崩れつつあることを実感する。ここがまさに民主主義にとっての踏ん張りど

ころであり、民主主義が試されているように思われてならない」（135頁）と事件の感想を述べているが、まさに同じ危機感を抱かれていたのだと思う。

第2章

愛知県知事リコール不正署名問題で問われるべきことは何か

飯島滋明

1　はじめに

愛知県選挙管理員会は2021年2月1日、高須克弥氏や河村たかし名古屋市長が積極的に活動した、大村秀章愛知県知事に対するリコール運動で集められた署名43万5000筆のうち、約8割にあたる36万2000人分の署名を有効と認められないと発表した。世界中に恥に恥をさらした、この前代未聞の醜聞。これは日本の民主主義に関わる重大問題であり、決して看過されてはならない。のみならず、国際社会における日本の地位、ひいては日本の将来にかかわる憲法改正問題とも関連がある。本稿では、いわゆる「右翼」的立場の人たちの「歴史認識」の問題、「リコール不正署名」の法的問題、そして右翼言論人・政治家の「本性」を明らかにすることを通じて「憲法改正」の問題について論じる。

2　歴史認識の問題

(1) いわゆる保守派の歴史認識

まず、愛知県知事リコール不正署名の発端となったのは、河村氏などの歴史認識である。2019年8月1日、愛知県などで構成される実行委員会が3年に一度開催している「あいちトリエンナーレ2019」がはじまった。その企画展「表現の不自由展・その後」には、過去に日本の美術館などで展示を拒否された芸術作品が説明とともに展示されていたが、その中には旧日本軍の「慰安婦」を象徴する《平和の少女像》などが展示されていた。

河村市長は8月2日に会場を視察したのち、「どう考えても日本人の、国民の心を踏みにじるもの。いかんと思う」と発言した。そして河村氏は大村知事に抗議文を出し、展示の中止などを求めた。3日、日本維新の会の杉本和巳衆議院議員も「公的な施設が公的支援に支えられて行う催事として極めて不適切」だとして、展示の中止を求める要望書を提出した。8月5日、定例会見で大村知事は河村市長から送られた抗議文を手にして、「〔河村氏の〕一連の発言は憲法違反の疑いが極めて濃厚だ」、「税金でやるからこそ、表現の自由、憲法21条は守られなければならない」、「公権力を持つ立場の者が、『この内容は良くて、この内容はダメ』というのは、憲法21条が禁止する『検閲』ととられても仕方がない。裁判されたら直ちに負けると思う」と発言した。日本維新の会に対しても、「表現の自由を認めないのか、憲法21条を理解していないのかと思わざるを得ない」と批判した。

一方、河村市長も「ああいう展示はいいんだと県が堂々と言ってください」と批判し、「日本国民の心を踏みにじる」、「市民の血税でこれをやるのはいかん。人に誤解を与える」と反発した。5日には松井一郎大阪市長も、「強制連行された慰安婦はいません。あの像は強制連行され、拉致監禁されて性奴隷として扱われた慰安婦を象徴するもので、それはまったくのデマだと思っている」と発言した。7日には同じく日本維新の会の吉村洋文大阪知事は「反日プロパガンダ」「辞職相当」と大村知事を批判した。リコール運動の際には、日本維新の会は街宣車も持ち出して協力した。

(2) 河村氏などの歴史認識は国際社会で通用するか

2019年9月15日、私はシンガポールから日本へ戻る際、中継先のハノイでイギリスの雑誌『ECONOMIST』2019年9月7日付を購入した。そこにはジャン・ラフ・オハーンさんが亡くなったとの記事が掲載されていた。その記事では、ジャン・ラフ・オハーンさんは「大日本帝国軍の戦時強姦かんの被害者」(war-rape victim of the imperial Japanese Army)であり、日本軍性奴隷の人数は20万人と記されている。この記事に限らず、日本軍性奴隷の被害者は20万人、その多くが朝鮮半島の女性たちであることは国際社会での一般的評価である。たとえば「安倍首相の二枚舌」と題された、2007年3月24日付『ワシントン・ポスト』の記事でも被害者女性の数は20万人とされている。

このように、いわゆる「日本軍慰安婦」が問題とされているのは「韓国」だけではない。オハーンさんはオーストラリアの首都キャンベラにある国立戦争記念館でも日本軍「性奴隷」(Sex-Slaves)であったと紹介されている。オハーンさんは生前、オーストラリアのテレビでも発言し、「安倍首相などが謝罪するまで私は死ねない」などと発言している(この様子を紹介した写真などは飯島滋明「オーストラリア、シンガポールでの日本軍の「痕跡」と「国際協調主義」『名古屋学院

大学論集　社会科学編55巻2号』2018年、等参照。インターネットで閲覧可能)。

シンガポールでも、旧日本軍の非人道的行為が至る所で紹介されている。たとえば旧フォード博物館では、日本軍占領の様子が「恐怖の体制」(A REGIME OF FEAR)と紹介され、「強姦《かん》」「慰安所への強制連行」「さらし首」「赤ちゃんを放り投げて銃剣で突き刺す」といった旧日本軍の残虐行為が紹介されている(飯島前掲論文等参照)。

観光地としても人気があり、映画『戦場にかける橋』の舞台となった「タイ」のカンチャナブリにも、日本軍による捕虜虐待の歴史を紹介する「死の鉄道博物館」があり、その博物館では日本軍による捕虜虐待の様子が紹介され、「日本軍性奴隷」をめぐる書物が発売されていた。

このように、日本軍が非人道的行為を行なった事実は世界中で紹介されている。朝日新聞が誤った記事を書いたから世界中に広まったなどと右翼的立場の人たちは主張する。菅自公政権も2021年4月27日の政府答弁書で同様の指摘をした上で、「政府としては、「従軍慰安婦」という用語を用いることは誤解を招くおそれがあることから、「従軍慰安婦」又は「いわゆる従軍慰安婦」ではなく、単に「慰安婦」という用語を用いる ことが適切であると考えており、近年、これを用いているところである」とした。しかし、少しでも世界の現実を知れば、新聞による誤報の結果として「従軍慰安婦」の虚偽の情報が拡散されたという主張がまったく事実と異なることはすぐにわかる。「世界に恥をさらしている」のは日本軍「性奴隷」(die Sexsklavinnen.『南ドイツ新聞』2019年8月5日付での表現)の展示を認めた大村知事か、それとも、そうした事実はないと主張する河村市長のどちらだろうか？

２０１８年10月2日、吉村洋文大阪市長（当時）はサンフランシスコ市のロンドン・ブリード市長に姉妹都市を解消することを通知した。吉村市長が姉妹都市解消を告げた理由は、サンフランシスコ市議会が２０１７年10月に「慰安婦」像の寄贈を受け入れる決定を全会一致で可決したからだ。吉村市長は「設置された碑文には不確かで一方的な文言が含まれており、歴史の直視ではなく単なる政治的な日本批判であり、サンフランシスコ市の現地コミュニティーに分断を持ち込む」、「貴市の決定に依り、長年にわたって築き上げてきた友好関係の礎である両市の信頼関係は根本から崩れた」と述べた。

一方、吉村市長の書簡を受け取ったロンドン・ブリード市長は4日、声明を発表した。声明では、「一人の市長が一方的に、我々2つの都市の人々の中に、60年以上にもわたって存在してきた関係を終わらせることはできない」、「『慰安婦』像は、性奴隷制や性売買の恐怖に耐えることを強いられてきた、すべての女性たちのたたかいを象徴するもの。この碑によって、私たちは忘れてはならない出来事や教訓を思い起こすことができる」と述べている。

吉村氏のような対応で、国際社会で「名誉ある地位」を占めることができるだろうか？　アジア・太平洋戦争時に旧日本軍が非人道的行為をしたことなど、正直、私も認めたくはない。しかし残念なことに、元兵士や犠牲者、被害者の証言などを聞く限り、そうした非人道的行為は事実と認めざるを得ない。そうした事実を直視して認め、近隣諸国の民衆に対して謝罪などを繰り返す対応と、そうした事実はなかったと主張して謝罪などをしない対応、どちらが近隣諸国の民衆の信頼を得られるだろうか？

ドイツは歴代の首相がナチスの非人道的行為に対する謝罪と賠償を続けることで近隣諸国の信頼を徐々に得てきた。日本の政治家たちはアジア・太平洋戦争時の非人道的行為を否定することで、たとえば先に紹介したように大阪とサンフランシスコの姉妹都市を吉村市長が解消しようとしたように、近隣諸国との関係を悪化させてきた。こうした対応は適切であろうか？

なお、日本では安倍元首相や松井大阪市長、そして河村名古屋市長の発言のような、「南京大虐殺はなかった」「日本軍慰安婦はなかった」などとの歴史修正主義的言動が幅を利かせているが、ドイツで「アウシュビッツでのユダヤ人虐殺はなかった」などと発言すれば刑事罰（民衆扇動罪Volksverhetzung）が科される（ドイツ刑法130条）。

3　不正署名の法的責任

(1)　法的責任の徹底追及の必要性

次に、大村知事リコールの不正署名が行なわれた法的責任が徹底的に追及されなければならない。

今回の不正署名は、「条例の制定若しくは改廃の請求者の署名を偽造し若しくはその数を増減した者又は署名簿その他の条例の制定若しくは改廃の請求に必要な関係書類を抑留、毀壊若しくは奪取した者は、三年以下の懲役若しくは禁錮又は五十万円以下の罰金に処する」と定める地方自治法74条の4第2項、そして解職および解散請求に関して74条の4第2項の準用を明記する76条2項違反であり、刑事上の責任が問われる。「私文書偽造」（刑法159条）が成立する可能性も完全には否定できない。

ただ今回の不正署名の問題は、単に「地方自治法」「刑法」に違反したという認識で済ませてよい問題では決してない。この不正署名は「民主主義」「地方自治」の根幹を揺るがす大問題、民主主義や地方自治への挑戦であるとの認識をもち、法的責任を問うことが求められる。

（2）「地方自治」「民主主義」と「リコール」

今回のリコール不正署名問題の重大性を明確にするため、「地方自治」「民主主義」についても言及する。

日本国憲法では「地方自治」が保障されている。明治憲法では「地方自治」が保障されず、「地方」は国の下請け機関とされていた。それに対して日本国憲法では「基本的人権の尊重」「平和主義」「国民主権」という、憲法の基本原理を実現するために「地方自治」が必要不可欠なものと認識されている。本稿の主題との関係で「民主主義」と「地方自治」の関係にだけ言及すると、憲法92条で明記されている「地方自治の本旨」には一般的に「住民自治」と「団体自治」が含まれるとされる。

地方の政治は地方住民の意志に基づき行なわれるべきというのが「住民自治」である。イギリスの政治家であり政治学者であるブライスも『近代民主政治』（1921年）で、「地方自治は民主政治の最良の学校、その成功の最良の保証人」と述べている。

たとえば国の首相に誰が適任か、国の予算をどのように配分すべきかといった問題に答えるのは難しいかもしれない。一方、たとえば誰が地域行事の長や会計係に適任か、地域活性化のために何をやるかは比較的簡単に決められるであろう。同様に、国の公共事業をどうすべきかという国政レベルの問題よりも、地域が狭く、住民に密接した自治体の事務、例えば交通渋滞緩和のために近所の道路の道幅を拡大するか、あるいは騒音・公害等に配慮してそのままにするかは住民にも判断しやすい。地域の問題に住民が参加するのは容易であり、適切な判断を下せることが多い。そして、自治体の政治に参加することで、国政にも適切に参加できるようになるというのがブライスの主張である。

憲法や地方自治法では、自治体の長、自治体議員および法律で定める吏員についての直接選挙（憲法93条）、地方自治特別法に対する住民投票（憲法95条）など、住民自治を具体化したさまざまな制度が定められている。そして「住民自治」を実現するための一制度として、首長の解職請求が地方自治法で明記されている（同法81条など）。

以上、簡潔に述べてきたように、日本国憲法や国際社会での基本原理とされる「民主主義」の実現にとり、「地方自治」は必要不可欠である。そして「地方自治」の一内容である「住民自治」を実現するため、地域住民の意志で首長を解職できる制度である「リコール制度」も極めて重要な意味を持つ。

ところが今回、あたかも43万人もの愛知県民が大村知事の解職を求めているかのように地域住民の意志を捏造したのである。「民主主義」「地方自治」を根底から蹂躙する悪質極まりない敵対行為と言わざるを得ない。こうした悪質な違法行為を法に従って処罰しないのであれば、再び同様の違法かつ悪質極まりない行為が再現される可能性が生じる。不正署名という犯罪行為については徹底した捜査と実態解明が必要である。

2021年5月19日、「お辞め下さい大村秀章愛知県知事　愛知100万人リコールの会」事務局長の田中隆博氏、妻の田中なおみ氏、田中氏の次男雅人氏、渡辺美千代氏の4人が逮捕された。ただ、「トカゲのしっぽ切り」で終わらせてはいけない。佐賀での不正署名に関して、田中事務局長は「高須さんも佐賀のことを知っている」と周囲の人に話していたという（毎日新聞2021年5月19日付〔電子版〕）。そうであれば高須氏の刑事責任も免れない。「しっぽ」だけでなく、「本体」の法的責任を徹底的に問うことが「民主主義」「地方自治」のためには必要である。

（3）法律家の動き

「民主主義」「地方自治」を根底から否定する犯罪行為を目の当たりにして、法律家としては当然、座視できない。法律家はいろいろな活動をしてきたが、本稿では私が関わった2つの行動について紹介したい。

①2021年2月22日記者会見

大脇雅子元参議院議員・弁護士、中谷雄二弁護士、本秀紀名古屋大学教授、そして私は2月22日、警察に徹底的な捜査を求める声明を発表する記者会見を行なった。

その記者会見では、「本件不正署名を組織的・計画的に遂行した行為は、人類の多年にわたる政治闘争の末に勝ち取られてきた『民主主義』『地方自治』を侮辱する悪質な行為、『民主主義』『地方自治』への挑戦行為と言わざるを得ない。こうした悪質な違法行為を法に従って処罰しないのであれば、再び同様の違法かつ悪質極まりない行為が再現される危険性がある」と批判した上で、「法の専門家として、今回の不正署名を組織的・計画的に実施した行為に対し、法に基づき適切かつ断固たる処置をとることを愛知県警に強く要請」した。

通常、私たちがこうした記者会見などを行なうと、ネット右翼からは格好の批判の対象とされてきた。しかし今回、この記者会見についてはネットでも好意的な評価が多く寄せられた。

②公開質問状

さらに大脇雅子元参議院議員・弁護士中谷雄二弁護士、本秀紀名古屋大学教授、小野万里子弁

護士、田巻紘子弁護士そして私は、河村氏に対して公開質問状を出した。4月5日に河村たかし事務所に郵送し、4月15日までの回答を求めた。その公開質問状は以下の文章で始まる。

「『本公開質問に対する回答については、次回愛知県知事選挙での参考資料として、すべからく愛知県民の方々に知っていただく必要があるものと考えますので、書面での回答を強く求めます』。この文章は、河村さん自身が2020年11月16日付で大村愛知県知事に提出した公開質問状の一部です。かつて大村知事にこうした要請をした以上、ご自身で手本を見せてください。河村さんにはこの公開質問状に対して、文書による丁寧な回答をお願いします」

そして以下の質問をした。質問の概要を紹介する。

・河村氏は43万という署名数を挙げて大村氏を「悲しい、哀れな人だ」「貴職が今回のリコール運動を真摯に受け止めているのか否かを念のため確認しておきたい」と公開質問状で批判したが、河村氏が根拠としてあげた43万のうち8割が不正署名であることがわかった。この数字をあげて大村氏を批判した点、市民に誤った印象を植えつけた点をどう考えるのか。

・不正署名のアルバイトをしている佐賀の市民は「罪に問われるかもしれない」と怯えている。この不正署名を生み出した活動に河村氏は積極的に関わっていたことは愛知の市民はよく知っている。名古屋にある事務所には高須氏と並んで大村氏の写真が掲載されている。市民にこのような思いをさせている活動に積極的に関わった責任について河村氏はどう考えるか。

・河村氏がリコール運動に夢中になっている一方、コロナ対策がおろそかになっている様子が窺える。そうでないのであれば、コロナ対策として具体的にどのようなことをしたのか。

・2021年4月に行なわれる名古屋市長選挙に関して、「いま出馬を断念すると、不正署名への関与を認めたことになる」と発言した上で、立候補を表明した。なぜこのような理屈になるのか。不正署名の「応援団」として精力的に活動した以上、潔く責任を取り、直ちに名古屋市長を辞職することが政治的責任のとり方である。そもそも、名古屋市政は名古屋市民のために行なわれるべきにもかかわらず、自らの身の潔白を証明するために出馬するというのは「市長職の私物化」「市民不在」と言わざるを得ない。この点にも意見を求める。

以上のような公開質問状を河村氏に対して出した。河村氏は大村氏には回答を要求した。他人には回答を要求しながら、河村氏本人は公開質問状に対して回答はしなかった。

4　自称「愛国者」たちの「本性」

（1）責任逃れに終始する自称「愛国者」

今回の不正署名事件が明らかにしたことがある。それは右翼言論人の「本性」である。

2020年6月2日、「お止め下さい大村氏設立総会」には、高須克弥氏、百田尚樹氏、竹田恒泰氏、有本香氏、武田邦彦氏が参加した。夕方には河村市長も、「市民のために応援しなきゃあかん」と発言した。その言葉どおり、河村氏は積極的に応援した。高須氏と河村市長が街頭に並び、大村知事のリコールを呼びかける姿を見た愛知の市民も少なくないだろう。ところが43万筆の署名の約8割が不正署名であったという、前代未聞の卑劣極まりない犯罪が判明した際、これらの右翼論客の態度はどうだったか。責任逃れの言動に終始した。その実態を紹介しよう。

まずは百田尚樹氏。百田氏が創立総会に参加したことはメディアでも報じられていた。ところが、高須・河村氏が積極的に関与したリコール署名活動で前代未聞の不正が行なわれたことが明らかになり、百田氏のツイッターに「百田大先生、他人事のフリをして逃げるのか？」などと不正署名の件が書き込まれると「何の話？　知らんがな」、「アホか！　わしに何の責任があるんや！　高須委員長から、記者会見をやるから来てもらえないかと、前日に電話を貰ったので、行っただけやないか！」、「リコール運動にエールを送ったが、活動には一切無関係や。不正のことなんか何も知らないわ！」と断言した。

次に有本香氏。２０２０年10月18日の有本氏のツイッターには、ウナギの写真が投稿された上で、「名古屋取材を終えて帰京の車中。事務局の方が私たちにウナギをご用意くださいました。お心遣いに感謝しながらいただきます」（傍点は飯島による強調）と書かれている。

この書き込みを踏まえ、ツイッターには「ジャーナリストとしてあの偽造署名を追及しないんですか？　ウナギくらいご馳走しますよ」と書き込まれた。これに対して有本氏は「キミ達、何か勘違いしているようだけど、私はウナギご馳走になってないんだよ。写真アップして『事務局が用意してくれた（コロナで店が早じまいだから）』と書いたら、すぐ『ご馳走』と連想するとは、キミらがそういう環境にいるからなのか、それとも羨ましかったのか。どっちだい？」と回答した。その有本氏の回答に対して「【爆笑】有本香氏、『私はウナギご馳走になってない』とリコールの会事務局からの接待を全力否定。しかし当日のツイートでは『事務局が私たちにウナギをご用意くださった』と写真付きで感謝し、高須克弥氏もこれに笑顔マークで返信していた自称ジャーナリストなのに、文章力に問題アリでは？」と書き込まれていた。「いただきます」と書かれているので「ご馳走になった」と考えるのが普通だと思うが、私の理解がおかしいのだろうか？

そして高須氏と河村氏のやり取りも紹介する。２０２１年4月26日、高須氏は河村氏に対して「正体わかり嫌になった」「うそつき」などと批判した上で「絶交する」と述べた。高須氏は「名古屋市長選挙までは黙っているのが私の最後の友情だ」とも述べた。リコール署名運動の際には高須氏と河村氏が並んで署名を求める場面が愛知のいたるところで見られたが、不正署名が明らかになると、二人はお互いに責任をなすりつけ合い、しまいには絶交した。

(2) ネットにあふれた「右翼著名人」への批判記事

以上のように、右翼言論人は今回の不正署名が発覚するや、責任逃れと責任のなすりつけ合いの言動に終始した。こうした高須氏や河村市長、そしてリコール運動を支持してきた吉村大阪知事や松井大阪市長らにはネットの世界でも批判のコメントがあふれている。そして彼ら・彼女らが「愛国者」を装っていることへの批判もあふれている。以下、批判の一部を紹介する。

・「これは明らかに犯罪です　高須院長はもちろん、河村市長、同調していた吉村知事、松井市長責任を明確にして下さい、民主主義を破壊しているのですよ」

・「さすが『国士』とか自称したり、反対者や自分の考えに合わない相手を『反日』と批判する人は覚悟が違いますね。責任のなすり合いがはじまりました」

・「今回のこの事件、高須や河村たちの本性がはからずも暴かれたわけだ。今まで彼らを支持してきた人たちも、少しは目が覚めたのではないかな」

・「普段、日本のためだの、国を守るだのと、勇ましいことを言っていたのに、旗色が悪くなったらさっさと逃げ出す、姿をくらます、結局、彼らは愛国ビジネスをしていたエセ保守であることが、よくわかりますな」

・「わかるか？　これが普段愛国だのと叫んでいる自称保守の民主主義者。こいつらはこの程度の責任感で発言、行動しているという事。良ければ自分たちの手柄、悪ければ下っ端の責任。そら戦争中の政府を賛否するやろうな、やっている事いっしょやから」

・「〔リコール運動〕設立総会に応援に駆けつけていただいた作家の百田尚樹氏、評論家の竹田恒氏、中部大学総合工学研究所の武田邦彦特任教授、ジャーナリストの有本香氏の皆さん。リコール運動サイトにある皆さん、高須氏とは仲間と思っていたのに。いざとなるとダンマリとは、愛国者さんも薄情だね」

・「しょせんビジネス保守ですから！　仲間意識もなく自分を守るためなら、他人を切り捨てることにまったくこだわりがない、ここまではっきりしていると分かりやすい」

・「保身しか頭にないこんな人達が、日本のために一体何をしてくれるというの？」

・「河村名古屋市市長、高須クリニック院長吉村大阪府知事、百田尚樹はや逃げしたメンバー含めてあれだけ一致団結していたのに、みんな責任のなすりつけあい、自己保身にはしり言い訳ばかりで、責任を取ろうとしない。とにかく、みっともない、薄っぺらいこんな無責任な人たちに、二度と愛国心とか、語って欲しくない。こんな無責任な人たちに、二度と天皇陛下について、語って欲しくない」。

日本維新の会愛知県支部長の田中孝氏の逮捕後には以下のような書き込みがされた。

・「元維新の会の人間が逮捕され、自身も全面的に応援して支持を呼び掛けた吉村知事の責任は非常に重いです。何より高須院長はじめ、高須氏に賛同した作家の百田尚樹氏、政治評論家の竹田恒泰氏、ジャーナリスト・有本香氏、武田邦彦中部大特任教授は必ず説明責任を果たしてほしいですね」。

・「橋下徹が百田尚樹に、大村リコールを支持していたことをどう責任とるのかってツイッターで詰め寄ってましたが、あなたこそ維新関係者としてこの問題にどう責任を感じてるのかを答えるべきだし、百田尚樹にした質問を吉村さんにぶつけるべきでしょう」。

(3) 田中孝博氏らの初公判に関する高須克弥氏のコメントに対して

2021年9月24日、リコール不正署名問題の初公判が開かれた。初公判に際して高須氏は代理人弁護士を通じてコメントを発表した。

そうした高須氏の対応に対し、ネットには以下の書込みがある。

・「高須氏もリコールの際にはあれだけ全面に出てやっていたんだから、説明も代理人じゃなく、自分で全面的にすりゃいいのに…」

・「高須院長、川村（ママ）市長、大阪の維新の皆さん　残念で悲しい人たち　ま、そんな人たちだとは思っていました」。
・「高須もそうだけど、河村はどこ行ったんや」
・「弁護士を通じて？〔中略〕散々前面に出て活動していたわけなんですから、そしてとんでもない勢いでこき下ろし続けたわけですから。ここは雲隠れせずにちゃんとご自身で前に出てお話ししましょうよ。これは民主主義の根幹を揺るがす事態ですよ！　高須先生！このままだと卑怯者の誇りは免れませんよ」。
・「9／21朝日新聞より　朝日新聞の取材に応じた高須氏は事件への関与を改めて否定し、『終戦後の軍事裁判に興味はありますか。いいってもう。戦争は終わった』と語った。『指揮官』『全責任は僕』と大見得切った男のこの無責任な言い草このような卑怯者を『国士』『愛国者』と持ち上げた者たちが大勢いたのだ　それはここヤフコメにも」。

5　自称「愛国者」「右翼著名人」と憲法改正

（1）「右翼的言論人」と憲法改正

さらに私は右翼言論人と「憲法改正」の問題も論じる。ここで「憲法改正」を持ち出すのは奇異に感じるかもしれない。ただ、こうした無責任な自称「愛国者」たちは、国のために命を投げ出すことをも求める憲法改正を主張してきた。そしてこうした自称「愛国者」たちの主張に共感する人が少なくない。口では勇ましいことを言っていながら、いざとなれば自分たちだけは逃げる。このような自称「愛国者」を信じて良いのか。この問題を市民に提示することは今の日本社会では極めて重要だと考えている。そこで右翼言論人と憲法改正の問題についても提起する。

アジア・太平洋戦争（1931〜1945年）の際、権力者や軍の上層部は、日本臣民に対しては「愛国」を要求し、「愛する国」のために臣民には死ぬことを求めた。しかし、権力者や軍の上層部の人たちは、いざ自分たちが危険になると国のためには死なず、「逃げた」。

アジア・太平洋戦争にはこうした卑劣な実例に事欠かない。1945年3月から始まる沖縄戦に際しては、時の政府は沖縄の市民には徹底抗戦を呼びかけた。その結果、沖縄の市民は少なくとも9万4000人、4人に1人が犠牲になった。ところが沖縄の市民に対しては死ぬことを求めた権力者たち自身はどうか。沖縄戦の前年の1944年10月には、東京から長野県の松代に逃げる準備をしていた。「信州」は「神州」に通じるというのも長野県松代に逃げる準備の理由の一つであった。天皇が隠れる場所は10トン爆弾に耐えられるように地下60メートルまで穴を掘った。こうして沖縄の市民には死ぬことを命じながら、自分たちだけは前年1944年に東京から長野県の松代に逃げる準備をしていた。

つぎに満洲。1945年8月9日、満洲にソ連軍が侵攻した際、軍は市民を置き去りにして真っ先に逃げた。逃げる際には橋などを破壊して逃げたので、女性や子どもなどは逃げることができない状況に置かれた。残された女性や子ども、老人たちはまさに阿鼻叫喚の「地獄」を味わった。

こうした経験から、戦争をはじめた権力者や軍の上層部は無責任極まりなく責任を取らないこと、にもかかわらず、戦争で犠牲になるのは一般市民であるため、日本国憲法は権力者や軍の上層部による戦争を禁止した。日本国憲法前文では、「日本国民は、……政府の行為によつて再び戦争の惨禍が起ることのないやうにすることを決意し、ここに主権が国民に存することを宣言し、この憲法を確定する」とされている。このように、「主権」をもつ「国民」が「政府の行為」による「戦争」を禁止するのが人国憲法の平和主義である。

憲法9条1項では、「日本国民は、正義と秩序を基調とする国際平和を誠実に希求し、国権の発動たる戦争と、武力による威嚇又は武力の行使は、国際紛争を解決する手段としては、永久にこれを放棄する」と明記されている。この条文でも、「日本国民」が「国権」＝政府や内閣などによる「戦争」「武力行使」「武力による威嚇」を「永久」に禁止している。

しかし高須、河村、百田、竹田、有本氏などの自称「愛国者」たちは、主権者である国民が政治家などに戦争や武力行使を禁じる日本国憲法の改正を主張する。こうした憲法改正の結果、もし悲惨な戦争が生じた際、これら右翼的言論人は責任を取るだろうか？　リコール不正署名が明らかになるや、他人に責任をなすりつけて責任逃れに終始している右翼言論人たちは、自分たちが主張した憲法改正により自衛隊員が世界中で戦うことになり、自衛隊員をはじめとする日本国民に甚大な被害が生じた際に責任を取るのか？　尖閣諸島をめぐっての日本と中国の対立の激化の一因は、石原慎太郎氏が尖閣諸島の国有化の動きを見せたことにある。石原氏は日中関係の悪化に責任をとる行動をしてきただろうか？

（2）安倍晋三元首相と憲法改正

「右翼と憲法改正」という点では安倍晋三元首相への言及は避けられない。彼は日本が攻撃されていないにもかかわらず、「集団的自衛権」をはじめとする、世界中での武力行使を可能にする「安保法制」を2015年9月に成立させた。「秘密保護法」（2013年）、「共謀罪」（2017年）など、「戦争できる国づくり」のため、市民を監視し、反政府的言動を弾圧することも可能にする法律なども成立させてきた。

自衛隊明記の憲法改正案は、もともと安倍晋三氏が2017年5月3日に読売新聞で表明したものである。2020年8月、体調不良を理由に安倍氏は首相の座を投げ出したが、2021年になり、活動を活発化させている。安倍氏は2021年4月22日、夕刊フジ主催の「日本国憲法のあり方を考えるシンポジウム3」に出席し、立憲民主党の枝野幸男代表に憲法改正を呼びかけた。そして、「枝野さんは『安倍晋三が首相の間は議論しない』と言っていた。私はもう首相ではないのだから議論しろよ、という感じだ」と発言した。その上、国会の憲法審査会で改憲論議が進まない現状は「国会議員として恥ずかしいと思わなければならない」と発言し、改憲手続法

（憲法改正国民投票法）の採決も訴えた。

この安倍氏の発言を聞いて「よくもこんなことを言えたものだ」と感じるのは私だけだろうか？　改正論議をしない国会議員を「国会議員として恥ずかしいと思わなければならない」と安倍氏は発言しているが、国会で118回もウソをつくなどギネス記録相当の事態を起こしながら、依然として国会議員の座にとどまっている安倍こそ「恥ずかしいと思わなければならない」と感じるのは私だけだろうか？　安倍氏は「森友問題」「加計問題」「赤木氏の自殺原因」「松岡農水大臣自殺の要因」「河合夫妻への1億5000万円の金の流れ」「さまざまな公文書の改ざん問題」などについて全く責任をとらず、責任逃れの言動に終始している。桜を見る会の公文書のシュレッダー廃棄について、安倍氏は障がい者のせいにすらした。松岡農水大臣自殺や赤城氏の自殺には、安倍氏に明らかに道義的責任がある。にもかかわらず、安倍氏はまったく責任をとろうとしていない。

このような人間が主張する憲法改正がなされた際、憲法改正によって生じた事態に安倍氏は責任をとろうとするだろうか？　繰り返しになるが、アジア・太平洋戦争を起こした政治家や軍の上層部は、国民には国のために死ぬことを求めた。しかしこうした政治家たちや軍の上層部は、いざとなれば国のために死なずに「逃げた」。戦後も自己弁護と責任逃れの言動に終始した。だからこそ日本国憲法では、主権者である国民が無責任な政治家などに戦争などを絶対にさせないという「平和主義」が採用されている。安倍氏はこうした憲法を改正し、政治家の判断で世界中での武力行為が可能になる憲法改正を目指している。こうした憲法改正で自衛官や一般市民に犠牲者が出るような事態に至ったとき、安倍晋三氏は責任を取るだろうか？　今までの安倍氏の言動を見る限り、決して取らないだろう。にもかかわらず、安倍氏などが主張する憲法改正にそれでも賛成するのは適切だろうか？

6　右翼の本性を見極めた上での対応を

以上、河村氏に代表される右翼的人物の歴史認識、彼ら・彼女らが実行したリコール運動で生じた不正署名問題、右翼的人物による責任逃れ、そして「右翼的人物の本性と憲法改正」について論じた。最後にまとめると次のとおりである。

歴史問題をめぐって対立が生じているのは韓国や中国だけではない。吉村氏の対応を紹介したように、大阪市とサンフランシスコ市も60年以上にわたる友好関係を悪化させた。このような対応がはたして適切なのか。真摯に考慮する必要があろう。

高須氏や河村氏が積極的に関与したリコール署名に係る不正署名問題は「民主主義」「地方自治」を根底から否定する、決して許してはいけない問題である。この問題については徹底的な法的対応が必要である。「トカゲのしっぽ切り」のような対応は絶対に許してはならない。

そして今回の不正署名問題は、右翼言論人の「本性」も明らかにした。ネットでもさんざん批判されているように、こうした右翼言論人たちは口では勇ましいことを発言しながら、前代未聞の不正署名問題が明らかになると責任回避・なすりつけ合いに終始した。こうした無責任な右翼言論人、さらには安倍氏が主張する「憲法改正」についても、彼ら・彼女らの「本性」、つまり自分たちの言動に決して責任を取らない人たちとの認識を持ち、真摯に検討する必要がある。アジア・太平洋戦争の際の無責任な政治家や軍の上層部への反省として、日本国憲法では徹底した「平和主義」が採用された。日本国憲法では、主権者である国民が権力者や軍の上層部に戦争や武力の行使・威嚇を永久に禁止している。

ところが高須克弥氏、河村たかし氏、百田尚樹氏、竹田恒泰氏、有本香氏、安倍晋三氏などは、世界中での自衛隊の武力行使が可能になる「憲法改正」を主張し、それに反対する人たちを貶める発言をしてきた。これら自称「愛国者」「右翼」は、「平和憲法」改正に反対する人たちに対して「平和ボケ」「反日」などと批判してきた。こうした「右翼言論人」の発言を信じ、政治家などに戦争をさせないことを内容とする「平和憲法」を改正することが本当に日本のためになるのか。彼ら・彼女らは憲法改正の結果に責任ある態度をとるのか。

大村知事へのリコール不正署名をめぐって責任逃れ、責任のなすりつけ合いに終始した彼ら・彼女らの対応は、この問いに対する回答を自らの行動で示した。憲法改正の結果に対してもこうした右翼集団は、憲法改正の結果に対しても責任逃れと責任のなすりつけ合いに終始するだろう。こんな憲法改正に賛成すべきか。私たちは真摯に考える必要がある。

第3章

封じられた美術展、再び取り戻す

岡本有佳

いま日本社会で、ネット右翼や職業右翼による怒号妨害や脅迫行為、その妨害行為を防げない警察によって表現の伝達と交流の場である展覧会が潰されるという異常な事態が起こっている。さらにそれによって会場を貸さない、貸し渋るといった自粛にもつながっている。これは言うまでもなく「表現の不自由展」のことだ。そもそもこの展覧会こそが、検閲や自粛によって「消された」作品を展示する展覧会であるのに、皮肉にも、展覧会そのものが封じ込められる、芸術文化の表現の自由が侵害されているという事態に陥っているのである。

市民の力を合わせれば必ず表現の伝達と交流の場は守れると信じて、東京・名古屋・京都では現在、開催に向けて準備をはじめている。そのために、表現の不自由展をめぐって何が起きているのか、それを防ぐにはどうすればいいのか、共有し考え実行するために本稿を執筆する。

1．今、なにが起きているのか？

東京展　怒号妨害　無力な警察

2021年6月25日から開幕予定だった「表現の不自由展・東京」は6月3日に開催を公表し、観覧者の申し込みを開始した。翌4日から申込者が増加する中で、ギャラリーに対し右派による妨害メールや電話が始まった。日本第一党の党員の訪問もあった。妨害メールや電話は1日10件以下であった。もちろん数と被害者へのダメージの深さは比例しない。ギャラリー宛の妨害メールには「表現の不自由展・東京展の開催は、我々が絶対許さないだろう。例えどんな手段を使ってでも。……主催者、協力者には、それ相応の、リスクをおってもらう事となる」、「反日行為と看做されます。お断りした方がよろしいのではないでしょうか」、「こちらで今度表現の不自由展を開催するようですが、中身が慰安婦像など日本人として到底理解し難い内容で先祖を馬鹿にして大変怒りを覚えます。なぜあれだけ批判の嵐だった反日ヘイトの内容を含んだ悪意のある展覧会を許可したのでしょうか。……今すぐにでもキャンセルしてください」などがあった。

6日には街宣が始まった。午前中に3台の街宣車（普通車両）で10人ほど約20分、午後には6台が1時間半にわたって滞留し、ネット右翼16人ほどがマイクや肉声で不自由展への非難・中傷、ギャラリーを貸すことへの非難を怒号で続けた。牛込警察署から10人ほどの警官が来ていたが、マイク使用をやめるよう説得はしたものの、結局1時間半も街宣車を滞留させてしまった。

この日の夜、実行委員がギャラリーへ駆けつけた。オーナーは「このままでは身がもたない」と繰り返し、なによりつらいのは、約30年間培ってきた近隣との関係性が破壊されてしまうこと、スタッフやお連れ合いに負担をかけていることだと話された。オーナーは「今後の宣伝を一切やめて、公開せずに内覧会にする」と提案した。私たちはオーナーの受けたダメージが深刻であることを理解しながらも、展覧会の「中止」と受け止められかねない提案について受け入れることができなかった。大至急、実行委員会、出品アーティストも含め議論し、どこかの時点で記者会見を開くことを合意してもらった。ただちに実行委員がギャラリーに毎日常駐する緊急シフトを組んだ。しかし翌日7日の朝、一睡もできなかったというオーナーはさらに憔悴しており、不自由展の「中止」について再度言及があった。「右翼の攻撃は理不尽で許し難いが、警察が何もしなかったことに絶望した」。その言葉を聞いた私たちは翌日、牛込警察署へ行くことにした。

翌6月8日、弁護士とともに牛込警察署へ行き、すでにギャラリーの生活圏、経営に支障が生じていることを伝え、怒号をやめさせる、街宣車を防ぐ対処を再要請した。その際、まず指摘したのは、車が1台しか通れない一方通行の道路に6台もの車が1時間半も滞留する事態をなぜ許したのかということだった。さらに、騒音を計測していたのか、立件のためにも必要となる証拠のため音声やビデオ撮影していたのかなど警察が本来すべき業務について指摘した。警察は「ほかにも事件がある。精一杯やっている」と繰り返すのみだった。記録もとっていないと言った。

そのミーティングの最後には警備課長が私に向かって、「私は産経新聞しか読んでいない」と言い出した。唐突な発言に驚いたが、会議の文脈から見て私には「あなたたちのことは守らない」という意味にしか聞こえなかった。この警備課長は6日の街宣車対応の中で、被害者の女性に向かって「こうなることはわかってたんだろ」と妄言を吐いたことが後日わかった。こうした発言は中立を守るべき警察法にも違反する重大な問題であり許し難い。

その日の午後6時頃にはまた、ネット右翼の女性と男性の2人組が車でギャラリーの真前に乗りつけ、「反日展示会をやめろ！」「不自由展に場所を貸すな！」などと肉声で怒号妨害を始めた（次頁写真）。抗議は実行委員会に提出してほしい、大きな声を出さないでほしいと何度も言ったがまったく耳を貸さず、女性は自撮りをしながら怒号をやめなかった。男性は車から身を乗り出して怒号を繰り返していた。110番をして牛込警察署から警察官が数人きたものの、いつものごとくネット右翼に近づいて説得を繰り返すのみであった。聞こえたのは「15分やったからもういいだろ」などで、そんなことで退去はしない。パトカーが出動すれば、1台しか通れない道なので、停車している車を移動させることができるから出動させてほしいと何度も警官に頼んでも聞き入れてくれない。

ギャラリーに対して怒号妨害しながら自撮りする女性（手前）。2021年6月8日。不自由展実委提供。

結局2時間近くそのカップルは怒号妨害をやめなかった。ギャラリーでは地下でダンス教室を開催しており、子どもたちの帰りの時間が近づいてきており、子どもたちと右翼が遭遇しないようにしようと緊張感が高まった。8時近くになると、さらに2台くらいの車がきて、体格のいい男性たち5、6人が降りてきてトラメガを使い、「反日展覧会をやめろ」「会場を貸すな」とさらなる怒号妨害を始めた。直ちに110番をしてパトカーを出動させてほしいと再度懇願したが、パトカーは来なかった。

8時過ぎには怒号妨害していた人たちは引き上げていっ

た。この怒号妨害の一部始終をギャラリー内で聞いていたオーナーの表情はますます強ばり、追い詰められていった。最後にはもう実行委員会とアーティストと話し合いも待てない、自分だけで会場を貸さないと公表するとまで言い出した。私たちはアーティストに告げずに公表するなんてできない、思いとどまってほしいと懇願するほかなかった。

こうした警察の動きの鈍さについて、憲法研究者の志田陽子・武蔵野美術大学教授は『美術手帳』（2021年6月14日）で、「近年問題となった選挙演説へのヤジ排除事件を見ても、沖縄で起きた基地建設反対運動への実力排除を見ても、市民が『やめろ』と叫んだり付近の路上に座り込んだりする表現に対して、警察が実力行使をしている」事例をあげ、これらは「どれも、警察の実力行使によって排除されたり逮捕・起訴されたりすべきではない事例と考えられるので、これを根拠にして『今回もそれをやるべき』とは言えない」としながら、これらの事例と比べて、「美術ギャラリーに対する怒号妨害について、警察の力を借りて排除することができないというのは、均衡を欠く」と指摘する。

今後、私たちが新会場を借りて展覧会を開催する際に、もし怒号妨害が起きたら警察は警察マターの任務を全うすることを強く求める。展覧会を怒号妨害で潰せるという成功体験をこれ以上、重ねさせてはならない。表現の交流の場を守るという点で共感を広げていきたいと思う。

妨害メールをはるかに上回る共感と激励の声

ここで忘れてはならないことがある。逃げ場のないギャラリーをターゲットにしたネット右翼による卑怯な怒号妨害、爆竹や危険物を装う物を送りつける脅迫の一方で、観覧申込みはすでに600名を超えていた。私たち実行委員会にはほんの数件の嫌がらせメールや電話がきただけだった。むしろ開催を応援するメッセージの数がはるかに多かったことにも注目してほしい。右派による攻撃ばかりがクローズアップされ報道されることで、その「妨害行為」ばかりが強調され、それへの不安を募らせ会場を貸し渋る傾向が強まり、被害は置き去りになる。そんな感覚が私にある。

その一方、励ましや応援の声は妨害や脅迫をはるかに上回る。それには本当に勇気づけられている。不自由展の公式ホームページ（https://fujiyuten.com/）で紹介しているが、一部を紹介する。

「行きたい！　妨害ハラスメントに対抗することは苦難だと思いますが、応援しています！」

「まっとうな不自由展、アートでの表現大事にしたい。開催ありがとう‼」

「表現の不自由展への妨害に屈せず、表現の自由を守るために頑張ってください。神戸の空からエールを送ります」

「表現の不自由展の開催ありがとうございます。ただでさえ、コロナ禍で厳しい中の、英断に感謝します。必ず観に行きます」

「大阪に在住しています。表現の不自由展が東京で開催されることに、とても敬意を感じています。『慰安婦』問題はじめ『天皇』を神として侵略戦争につきすすんだ足あとをなかったものにする圧力に、それを許さない声ではねかえしたいです。充実した取組みを応援しています。ありがとうございます」

「妨害にめげず　自由を守り続けてください　応援します」

「事情よく分かりました。引き続き奮闘してください。不当な圧力を跳ね返し、実現しましょう。具体的な被害の詳細をメディアに説明してください。『非暴力自警団』を組んで世界に発信しましょう」

「右翼の日ごろの街宣にはうんざりです。日本を昔の軍国主義に戻す野望がありありだからです。平和を目指し、彼らの妨害にまけず、お互いに頑張りましょう」

6月9日、実行委員と参加可能なアーティスト（8名）で緊急会議を開いた。ギャラリーの選定の甘さや攻撃予測の甘さについて批判はを受けたが、開催継続には反対意見はなくどう継続するかの意見交換まで行なわれた。それをもって6月10日の記者会見で、私たちは「不当な攻撃を許さない、あくまで開催する」と宣言した（巻末資料202頁）。

会見直後、幸いにも新会場が見つかり、利用の合意をして展示準備を進めていたが、1週間後唐突にその会場の管理者である人権団体の幹部から反対意見が出たとして施設を貸せないと通告があった。一方的な通告に困惑し説得を試みたが、新会場の決定は覆らなかった。開幕まで残り

3日に迫る中で、予定の会期どおりの開催はもはや不可能となってしまった。展示準備のため数十万の損害も出た。私たちは6月24日、記者会見で「延期」を発表するに至ったのである。

実は6月23日には新会場に職業右翼の街宣が来た。公安の車2台を伴い、不自由展への非難をマイクで叫びながら6周回って去っていった。実行委員会は人権団体への攻撃を懸念して会場名を明かしていなかった。なぜ右翼にバレているのか。後日、管轄の警察署に街宣車が公安の車と共に会場に来ることは事前に連絡があったはずであり、警備の相談もしていたのに、なぜ主催者実行委員会に知らせなかったのかと問い合わせしたが、自分たちも知らなかったととぼけられた。その後、複数のメディアに会場名が漏れていることもわかっている。関係者でなければ警察のルートでバレたとしか考えられない。（東京展への攻撃については「時代の招待：排除や自粛　慣れる社会」神奈川新聞2021年8月12日など。また、信濃毎日新聞の2021年7月7日の社説「表現の不自由展　妨害に行政は加担するな」も参照してほしい）。

名古屋、大阪、京都　4地域の連帯

同じ頃、名古屋では「私たちの『表現の不自由展・その後』」の会場と同じフロアに「反移民」などを掲げる日本第一党の関係者が主催する「あいちトリカエナハーレ2021」が会場を借りたというニュースが飛び込んできた。驚いたのは、名古屋の不自由展が会場を借りるまでは3か月もかかったのに、「トリカエナハーレ」はなんと1週間で使用許可が下りたことである。その後、

7月6日には予定どおり開幕したものの、3日目の朝、「市民ギャラリー栄内での郵便物破裂」を理由に、会場の利用停止処分及び臨時休館を強行した。しかし不審物について実行委員会には具体的な説明はなく、最高裁判決の基準に照らし、表現の自由の侵害にほかならず、憲法21条1項に明確に違反すると名古屋市に抗議をした。今後は公共施設における4日間の失われた「表現の自由」を回復させるため、法的措置も含め検討に入っている。

一方、「表現の不自由展かんさい」では、会場である「エル・おおさか」が「安全の確保」を理由に使用許可を取り消した。大阪府は容認。実行委員会は、処分の撤回を求め大阪地裁に提訴。その結果、7月9日には大阪地裁がギャラリーの使用承認取消処分の効力停止を決定。指定管理者は即時抗告するも棄却。16日には最高裁も抗告を棄却し、かんさい展は無事展覧会を終えた。この成功の意義は大きい。

7月24日に開かれた京都では、また別の課題を残した。そもそもは「平和のための京都の戦争展」の一部として《平和の少女像》が展示されるはずだったが、子どもたちに右翼攻撃とそれへの警備の様子を見せたくないなど、主催団体内部で反対意見が出て、結局、戦争展とは別会場、非公開で1日限定の開催となった。私は最初にこの反対意見を聞いた時、本当に驚いた。日本社会では朝鮮学校の子どもたちへのヘイトスピーチが繰り返され、朝鮮人および外国人を排斥するようなレイシズムは蔓延している。そこで右翼攻撃を見せないことで日本の子どもたちを守ろうという感覚にショックを受けた。しかしこれは日本社会の一側面を表している。こうして未然に右翼攻撃を恐れ、自粛の方向になっている。長年、日本の加害責任などに取り組んできた戦争展だけに非常に残念である。主催の「ハーグの会」らはこの課題を乗り越え開催すべく検討を始めている。連帯したい。

そもそも、各地の不自由展が開催されたのは、あいトリでの中止事件が起きた当時から、展覧会を観ることができなかった人たちからぜひ観たいという要望が寄せられていたからだ。それには各地で独立した主催グループを作り、東京の不自由展が協力するという形をとり、連携して準備してきた。

あいトリによる展示中止事件のツケ

今回、こうした露骨なの攻撃が起きた一つの要因として、やはり日本最大の国際芸術展・あいちトリエンナーレ2019（以下、あいトリ）が右派からの攻撃や政治家発言に屈し、自らが招待した企画展「表現の不自由展・その後」を中止にした事件があると思う。私たちが提案していた電話応対の研修などを実施しないまま、電凸と呼ばれる攻撃で職員が疲弊するという事態を招いた。しかも、中止発表の前日8月2日、河村たかし名古屋市長（あいトリ実行委員会代表代行）は不自由展を視察後、即刻中止を求め、「日本人の、国民の心を踏みにじるものだ」と発言し、菅義偉官房長官（当時）は文化庁補助金支出の見直しに言及した。これらは政治的圧力であり、自由権規約（国際人権規約）の法的義務違反、表現の自由への侵害である。

見逃せないのは、河村市長は、日本軍「慰安婦」について「そもそも事実でないという説も非常に強い」、8月5日の記者会見では「強制連行し、アジア各地の女性を連れ去ったというのは事実と違う」と言ったことである。この発言に対し、あいトリ側は一切反論をしていない。

あまりにも拙速に中止を決定しまったことで右派にとって成功体験となってしまった。それが今、各地で起きている「表現の不自由展」への攻撃につながっていると思わざるを得ない。あの時、拙速な中止ではなく、一呼吸入れて警備体制を組み立て直すために数日休館にするという選択肢は十分に取り得たはずである。私たちもそれを提案していた。当時私は、ニコン裁判で本人尋問の最後に、被告に対して谷口園恵裁判長が尋ねた言葉を思い出していた。

「身体の安全というレベルの意味での危険の一方に、表現の場を提供する機会を持っている者として、ここで中止という判断をすることが、社会の在り方に与える影響という話は、どの程度会議の中で出たんでしょうか。」『誰が〈表現の自由〉を殺すのか～ニコンサロン「慰安婦」写真展中止事件裁判の記録』(御茶の水書房、2019年、272頁)。

「表現の場を提供する機会を持っている者」が拙速に中止の判断をする時、社会の在り方にどのような影響が出るのか、立ち止まって考えることが重要なのである。

本事件の詳細については拙著『あいちトリエンナーレ「展示中止」事件――表現の不自由と日

本』（共編著、岩波書店、２０１９年）に詳しく記しているのでぜひお読みいただきたい。

不自由展再開後も相次ぐ類似事件

不自由展実行委員会は仮処分申立をし、９月30日にあいトリとの再開合意により展示内容を守り抜き、海外作家などのボイコット、市民の抗議活動などによって、さまざまな制約をつけられながらも10月８日から６日間再開した。しかし多くの課題を残したまま、類似事件が相次いだことも事実であった。

ミキ・デザキ監督の「主戦場」が、「第25回KAWASAKIしんゆり映画祭2019」で上映中止になった。映画祭代表は、共催の川崎市から上映への懸念を示され、不自由展中止をふまえ、「嫌がらせや脅迫など見えない恐怖におびえた」、「セキュリティーの問題をクリアし、万全な態勢で上映できるときに上映する方向で検討したい」と語った（神奈川新聞２０１９年10月30日）。これに映画人や市民が抵抗し、最終日に上映された。年末には映画祭代表、副代表、運営委員は責任をとって全員辞任した。

三重県の「第69回伊勢市美術展覧会」では、不自由展中止に抗議し、少女像をコラージュした作品が展示取りやめとなった。鈴木健一伊勢市市長は、「表現の自由と会場の安全面の運営は切り離して考えていただきたい」とした（ＮＨＫ東海のニュース、２０１９年10月31日）。どれも「安全」を理由にしており、あいトリの展示事件の影響と言える。

4地域開催をとおして感じたこと

私は東京展が延期になった後、連帯して準備を進めてきた3地域を手伝いながら取材した。各実行委員会のあり方や考え方に違いはあるものの、お互いの失敗に学び、いい部分は共有していくというやり方ができたのは本当によかった。警察や施設管理者の言動の違いもよくわかった。たとえば、不審物が郵送されたことが休館の言い訳にされた名古屋と異なり、その後の大阪では、郵送物は管轄の郵便局留めでX線検査を受けることをあらかじめ決め、不審物が届くことを防ぐことができた。

4か所回ってみてつくづく思うのは、言葉による批判ではなく、暴力的行為による芸術表現の自由への侵害をこの社会は許すのかということである。いま必要なのは、暴力的行為による妨害は認めない、という言説であり、社会的なコンセンサスを作ることではないか。これについて明確な態度を表明する政治家はいない。それどころか、吉村洋文大阪府知事や河村たかし名古屋市長のように、あからさまな歴史修正主義的な発言を繰り返し、ヘイトスピーチを容認する政治家が後を絶たない。このことが日本右翼による攻撃を後押しする力となっている。

さらに、「お前らのなかで死人がでても不思議ではない!!!」など東京展実行委員会には6月半ばから脅迫メールが続いている。中でも私も含め女性の個人名をあげ、女性差別・侮蔑的な誹謗中傷をしている。これについては被害届を提出した。

こうした状況で主催者にだけ万全な安全対策を求めることは何を意味するのだろうか? 暴力

的な妨害による表現の自由への侵害をなくすためにともに立ち向かってほしい。フランスの有力誌に取材を受けたとき、記者の言葉に深く納得した。「芸術の表現の自由を侵害する事件が起きているのに、不処罰の雰囲気が日本にあるのは信じがたい」。

2．表現の不自由展は何を目指しているのか？

表現の不自由展の原点

そもそも「表現の不自由展」とはなんなのか？　なぜ右翼の攻撃対象となっているのかを考えてみたい。

「表現の不自由展」は、あいちトリエンナーレ2019が始まりではない。「表現の不自由展」が最初に開かれたのは2015年、東京都練馬区・江古田にあるギャラリー古藤である。企画の始まりは2012年5月、新宿ニコンサロン「慰安婦」写真展中止事件（以下、ニコン事件）にあった。これは、世界的カメラメーカー・ニコンが運営する新宿ニコンサロンで予定されていた「慰安婦」写真展《重重《じゅうじゅう》》が電話やメールの抗議がきっかけで急遽中止されたという事件だった。写真家の安世鴻《アンセホン》さんが裁判所の仮処分決定をえて開催に至った。同サロン史上最多の7900名が来場した（その後、真相究明を求めた裁判は3年に及んだ）。

この事件の2か月後（2012年8月）、東京都美術館で開催されていた「第18回JAALA国際交流展」で《平和の少女像》（ブロンズ像を縮小したミニュチュア）など「慰安婦」をテーマにした2作品が会期4日目に作家に知らせぬまま美術館側によって撤去された。理由は、同館の運営要綱の「特定の政党・宗教を支持し、又はこれに反対する等、政治・宗教活動をするもの」に抵触するというものだった。主催団体側は抗議したものの、結果的に撤去されてしまった（その後、撤去された2作品は、同年10月、原爆の図丸木美術館「今日の反核反戦展2012」で特別展示された）。

ニコン事件はマスコミで大々的に取り上げられたが、こちらの事件はマスコミには1行も報道されなかったことも驚きだった。知らないうちに表現の自由が侵害されている、これを可視化する展覧会を開こう！　と、２０１５年、各地の美術館、公共施設などで撤去や規制を受けた作品を集めた表現の不自由展を開催し、２７００名を超える観客を集め大きな反響を呼んだ。

ここで強調しておきたいことが3つある。

①表現の不自由展に対して排外主義や性差別、日本の植民地支配責任・戦争責任の否定を背景とした不当な攻撃は、日本社会でマイノリティにかかわる表現に加えられるという状況は、あいちトリエンナーレから始まったわけではない。そうした現状への危機感こそが不自由展が展示をとおして問題提起しようとしてきた原点である。

②私はニコン事件裁判支援の経験から、「表現の自由」（憲法第21条）の重要性について再発見させられたことがあった。憲法学者の宮下紘さんの意見書の中の「表現の自由の担い手は、送り手と受け手の双方であり、そして両者による情報の伝達と交流の場が必要」という一文だ。つま

り、観客の見る・聞く・知る自由がなければ、「表現の自由」は無意味になる、ということである。これはヘイトスピーチや性暴力的表現などをする者たちが使う「表現の自由」が成り立たないことの、有効な反論になるとも思った。双方向の交流と情報の伝達の〈場〉が保障された「表現の自由」を守る。自律した〈場〉をつくる、これが不自由展のキュレーションの肝であった。

③安は再発防止のため真相究明を求め提訴した。3年におよぶ裁判で、写真展を非難する右派の抗議に対する、大企業ニコンの過度な「自主規制」が明らかとなり、2015年12月、ニコンの不法行為を認め原告が勝訴した。「私企業運営の施設でも、抗議を理由に安易に表現活動を中止してはならない」という判決を勝ち取った。この判決の重要性を私たちは何度でも思い返し活かさねばならない。

表現の不自由展・東京の出品作品について

では、表現の不自由展がどんな作品を展示しているのか、ご存じだろうか。

もちろん、右派が攻撃している《平和の少女像》や天皇を扱った《遠近を抱えて》の名前はよく知られているだろう。しかしこの2作品についても実際に見たことのある方はどのくらいいるのだろうか。また、作家はどんな思いで作品を作り、どのような事件に遭遇したのか。東京展の出品作品をとおして紹介しておきたい。現在、封鎖されている表現の不自由展・東京の出品作品について起こった出来事は次の表のとおりである（表現の不自由展公式ホームページ参照）。

表現の不自由年表（東京展出品作品関連）

1950●丸木位里・俊の絵本『ピカドン』がＧＨＱにより発売禁止に。原画は押収、紛失
1965●赤瀬川原平、千円札事件で起訴（67年これを題材にした「表現の不自由展」開催）
1971●第10回現代日本美術展で、前山忠は反戦旗とともに出品したカンパ箱への東京都美術館の強制撤去に抗議し、作品すべて自主撤去
1986●大浦信行の版画連作《遠近を抱えて》が富山県立近代美術館「'86富山の美術」展で、県議会議員らの突き上げによる図録の非公開決定。図録焼却
1996●山下菊二回顧展〈天皇制シリーズ〉展示自粛館多数。図録不掲載
2009●沖縄県立博物館・美術館の「アトミックサンシャインの中へin沖縄」展で大浦信行《遠近を抱えて》が展示不許可。「沖縄県立美術館検閲抗議の会」が発足
2012.5●新宿ニコンサロンでの安世鴻「慰安婦」写真展が中止通告。仮処分申請により写真展は開催。中止理由を明らかにするためにニコンを訴え、2015年原告勝訴
2012.8●東京都美術館「第18回JAALA国際交流展」でキム・ソギョン＆キム・ウンソン《平和の少女像》、パク・ヨンビン《Comfort Women!》が展示撤去
2013.10●千葉県立中央博物館「音の風景」展で永幡幸司出品作の説明文が同意なしに検閲・修正された
2014.7●俳句「梅雨空に『九条守れ』の女性デモ」が埼玉県さいたま市大宮区三橋公民館月報で掲載拒否。2015作者が提訴。2018年最高裁で原告勝訴
2016.3●「マネキンフラッシュモブ」に参加した神奈川県海老名市議に対し、市が禁止命令。海老名市を訴えた裁判で勝訴
2016.3●東京都現代美術館「MOT Annual 2016 キセイノセイキ」で小泉明郎作品への改変要請。作家は画廊・無人島プロダクションで展示
2017.4●群馬県立近代美術館の「群馬の美術2017」で、県立公園群馬の森にある朝鮮人労働者の追悼碑を模した白川昌生の作品「群馬朝鮮人強制連行追悼碑」を同館が開催直前に撤去。
2017.4●千葉市は、日韓「合意」を批判する展示をしたなどとして、学校法人「千葉朝鮮学園」主催の美術展と芸術発表会への補助金50万円の交付取り消し
2017.11●沖縄で開催されたイチハナリアートフェスティバルで岡本光博《落米のおそれあり》が開催直前に封印（場所を移し最後の2日間公開）
2018.2●五美大卒業制作展で国立新美術館が一部作品撤去（大橋藍ほか）
2018.10●東京都大田区で開催予定の豊田直巳写真展「叫びと囁き　フクシマの七年間～尊厳の記録と記憶」で、区側が作品の一部を「政治的」だと展示から除外するよう要請。区はメディアの取材を受け一転容認

安世鴻《重重—中国に残された朝鮮人日本軍「慰安婦」の女性たち》。不自由展実委提供

■安世鴻《アンセホン》《重重―中国に残された朝鮮人日本軍「慰安婦」の女性たち》（２０１２年）

韓国人写真家・安が、日本敗戦後、中国に置き去りにされた朝鮮人の日本軍「慰安婦」被害者たちを、２００１年から5年かけて探し当て12人を写真に収めたシリーズである。韓国伝統の韓紙《ハンジ》に焼きつけられたモノクロ写真は、印画紙とは異なる陰影と風合いがある。キャプションはなく、観る者はその表情、深く刻まれた皺、手の仕草、営みまで目を凝らし、彼女たちの心の声に耳を澄ますことになる。息づかいまで聞こえてきそうな写真は、幾度も訪ね泣き笑い語り合い、日常の困り事を手伝い、撮影は滞在最後だけとした安だから写し得たのではないか。

この写真展を決定した新宿ニコンサロンが、開催1か月前、一方的に中止通告。安の仮処分申請で実現した写真展には、同サロン史上最多７９００名が来場した。その後、安は再発防止のため提訴し3年におよぶ裁判で、写真展を非難する右派の抗議に対する、大企業ニコンの過度な「自主規制」が明らかとなり、２０１５年12月、ニコンの不法行為を認め原告が勝訴した。安は6か国に存在する１４０名以上の被害者を探し出し、今も撮り続けている。

■大浦信行《遠近を抱えて》（全14点、1982～83年）

　昭和天皇の写真をモチーフとした連作版画。本シリーズは、1976年から10年間、ニューヨーク滞在中に制作された。本作は二度の検閲を受けた。1986年、富山県立近代美術館「'86富山の美術」展は、県議会議員らの突き上げにより図録の非公開を決定した。作品の売却、図録470冊はすべて焼却された。それを不服として大浦が控訴。2000年最高裁で全面敗訴した。

　さらに、2009年には沖縄県立博物館・美術館の「アトミックサンシャインの中で in沖縄」展で再び展示不許可になった。あいちトリエンナーレ2019では、映像作品《遠近を抱えて PartⅡ》とともに出品したところ、自身の作品を燃やすシーンが右派などから攻撃のターゲットとなった。作家は本作について「内なる天皇をモチーフにすることで」「自分自身の肖像画」を描いたと語っている。

大浦信行《遠近を抱えて》。不自由展実委提供

■小泉明郎連作《空気》

天皇制は、憲法だけでは捉えられない、空気のようなもので内面化してしまっている。それによってこの社会は成り立っている。空気であるがゆえに抵抗しづらい。そうした天皇制の性質をコンセプチュアルな絵画作品にしたものである。

《空気#1》は、2016年、東京都現代美術館の「MOTアニュアル2016 キセイノセイキ」展で館長との交渉の結果、出品を断念し、展示会場にはキャプションだけが展示された。直後にギャラリー・無人島プロダクションで展示された。不特定な人権が侵害されることを理由に公的な美術館が規制をしたという問題を残した。

小泉明郎《空気＃17》。不自由展実委提供

あいちトリエンナーレ2019に出品したのは《空気#1》だったが、東京展では同じシリーズ最新作の《空気#17》を出品する。明仁《あきひと》少年が靖国神社前に立っている写真をキャンバスにプリントして、少年を透明化した。そうして靖国神社の画像の真ん中に少年の影が浮き上がる。小泉明郎は国家や共同体と個人の関係、人間の身体と感情の関係性を、実験的映像で探究するアーティストとして知られている。

白川昌生《群馬県朝鮮人強制連行追悼碑》
台北当代美術館。2021年６月。筆者撮影

■白川昌生の《群馬県朝鮮人強制連行追悼碑》

群馬県立公園「群馬の森」に建てられた追悼碑「記憶　反省　そして友好」に対し、２０１４年７月、設置更新許可申請を不許可処分とし、速やかな撤去を求めた出来事をモチーフとしている。実際の追悼碑は、アジア太平洋戦争中に強制動員・徴用され群馬県内で死亡した朝鮮人の慰霊を目的に、県の許可を得て２００４年４月に設置したものである。２０１４年11月、「追悼碑を守る会」は碑の撤去は表現の自由を侵害するとして提訴した。２０１８年２月、１審・前橋地裁判決は県の処分を違法としたが、２０２１年８月、高裁判決は市民団体の請求を棄却した。

白川の《群馬県朝鮮人強制連行追悼碑》は、実存する碑を原寸大で再現しそれを布で覆い、モニュメントが排除されようとする事実を伝えようとした。２０１７年に開催された群馬県立近代美術館の「群馬の美術2017―地域社会における現代美術の居場所」で展示される予定だったが、開催直前に美術館側が出品を取り消した。同館によると「係争中の事件に関連した作品のため」としている。

白川は、２０２１年夏、原爆の図丸木美術館で開催した個展「ここが地獄か、極楽か。」で歴史修正主義を取り上げ、「２０２１の年現在、太平洋戦争に関係する作品を作り、発表する意味が以前よりも大きくなったと思うようになった。それは、いまこそ戦後に作られた民主主義を守り、作り上げていくためだからである」と語っている（白川昌生個展「ここが地獄か、極楽か。」ミニカタログ、２０２１年）。

キム・ソギョン、キム・ウンソン《平和の少女像》 あいちトリエンナーレ2019。筆者撮影

■キム・ソギョン、キム・ウンソン《平和の少女像》（２０１１年）

本作の作品名は《平和の少女像》（正式名称「平和の碑」。「慰安婦像」ではない）。《平和の少女像》は、２０１１年12月14日、日本軍「慰安婦」被害者たちの人権と名誉を回復するために始まった水曜集会１０００回の記念としてソウルの駐韓日本大使館前に建てられた。これは韓国挺身隊問題対策協議会（現・日本軍性奴隷制問題解決のための正義と記憶連帯、以下、挺対協とする）が呼びかけ、数多くの市民たちの募金で実現した。キム夫妻は、アーティストとしてできることはないかと挺対協に協

力を申し出る。当初はプレートの碑だったイメージが〈少女像〉の姿となっていった。少女の影が老女の姿となっていることで女性の長い苦痛の時間を表現し、さらにその隣に「空いた椅子」が設置されたことで観る者との応答を促す公共美術となった。

以降、韓国では各地で市民たちが主体となって自発的に制作資金を集め、《平和の少女像》が建てられていく。日本では「挺対協が建立している」とする報道も散見するが、それは誤報である。とりわけ少女像の設置が増加したきっかけは、2015年12月28日に日韓両外相が発表した「慰安婦」問題に関する「合意」である。日本軍「慰安婦」被害当事者を置き去りにしたまま、外交問題として決着をつけようとし、「合意」は真相究明も再発防止のための歴史教育も含まれていない。それどころか、加害国・日本は《平和の少女像》の移転・撤去を求め、朴槿恵《パククネ》政権は撤去・移転まで示唆した。これに対し韓国の大学生たちは「合意」の無効を訴え、少女像を守るためテントを張って座り込みを開始した。これに高校生たちも呼応して、100の高校に〈小さな少女像〉を建てる運動を始めた。こうして若い世代も動かし、爆発的な拡大をみせ、韓国だけでなく政治と文化が呼応するインターナショナルな「記憶闘争」として深化していく。

2017年12月28日、韓国・釜山の日本総領事館前に《平和の少女像》が設置され、釜山市東区により強制撤去されるも、抗議が殺到し30日に再設置された。これに対し、2018年1月6日、安倍政権（当時）は駐韓日本大使の一時帰国、日韓通貨スワップ協議の中断など4項目など、「慰安婦」問題解決に逆行する強力な外交措置を発表した。

各地で少女像はさらに増え続け、2020年末現在、キム夫妻制作の《平和の少女像》だけでも韓国81体、世界各地15体となっている。筆者も何か所も取材をしたが、実にさまざまな人々がさまざまな思いで関わっていることがわかる。さらにはキム夫妻以外のさまざまなアーティストが制作した像やメモリアルも増えている。

韓国の彫刻家キム・ソギョン-キム・ウンソンは美術大学在学中、民主化闘争に参加し、それ以降、民主化運動と呼応して誕生した「民衆美術」を受け継ぎ彫刻家として社会が直面する問題に対し何ができるかを追究し実践してきた。民衆美術とは、1980年代の独裁政権に抵抗し展開した韓国独自のもので、以降も不正義に立ち向かう精神は脈々と継承されている。2人の作品には、米軍装甲車にひかれ死亡した中学生を追悼する作品《少女の夢と二人、ヒョスン、ミソン》や朝鮮半島の統一を願う作品のほか、ベトナム戦争における韓国軍による民間人虐殺を謝罪し、犠牲者を鎮魂する《ベトナムのピエタ》などがある。

2015年1月、「表現の不自由展〜消されたものたち」に招待し、その時託された《平和の少女像》(FRPにアクリル彩色)が各地で展示されているものである。

《平和の少女像》の細部にはさまざまな意味が込められている。2人の著書『空いた椅子に刻んだ約束――《平和の少女像》作家ノート』(世織書房、2021年)に詳しい。

公共の場の問題として重要な提起となったのは、ともに裁判闘争で勝利をした九条俳句とマネキンフラッシュモブである。

■俳句「梅雨空に『九条守れ』の女性デモ」

この俳句は埼玉県さいたま市大宮区の三橋公民館の俳句サークルで第1位となり、2014年7月の月報に掲載されるはずだった。ところが公民館側が拒否。戦争放棄をうたった日本国憲法9条を扱うことは政治的であり議論が分かれるため、一方の側に立てないとした。作者は提訴。自治体の政権への忖度や過剰規制を象徴する事件だとして、多くの市民による応援団が結成された。2018年12月、作者の勝訴が確定した。

■マネキンフラッシュモブ

2015年11月から神奈川県内の駅前広場などに出没。ドレスコードで服装を統一した人々がプラカードをもち街角に現われ、無言のまま数分間静止するパフォーマンスを展開した。2016年2月、海老名駅前自由通路で行なったモブに参加した海老名市議会議員が市より禁止命令を受ける。市はモブが禁止行為の「集会・デモ・座込み」とし、事前の届け出をしていないこともあり、「海老名駅自由通路設置条例」に違反とした。マネキンフラッシュモブは、市議の処分の取り消しと、今後予測される処分の差し止めを求めて横浜地裁に提訴。2017年3月全面勝訴した。海老名市は控訴せず「届け出の必要はない」とする判決が確定した。

後述する済州島《チェジュ》での不自由展開催の際、韓国のアーティストを案内していると、彼女は美術教育の場で検閲・規制が起きていることにショックを受けたと言った。あらためてその深刻さを思った。美術教育の場で起きた事件は次の2作である。

趙延修《償わなければならないこと》。不自由展実委提供

■趙延修《チョヨンス》《償わなければならないこと》（2016年）

当時高校生だった作者の趙は、いわゆる日韓「合意」を知って、日本軍「慰安婦」の「被害者達の尊厳はどうなるのかと憤りを感じ」、一枚の絵を描いた。顔は大きく歪み、止まらない涙とともに溶けてしまいそうな目、心の奥底にある苦痛の声が聞こえてきそうな口、沈黙を強いられたのか口のない女性もいる……これが尊厳を奪われた被害女性たちの姿である。その背後にヘルメットと目だけで描かれているのは、無数の日本軍兵士たち。彼らもまた人権を踏みにじられていたと趙は捉え、「戦争」を描いている。

本作を含む「ウリハッキョと千葉のともだち展」（2016年12月、千葉市美術館）に対して、日韓「合意」否定を含む内容があるなどとし、2017年4月、熊谷俊人千葉市長（当時）は「地域交流がテーマのイベントで政府批判を展開するのはふさわしくない」と、すでに決定していた補助金50万円の交付を取りやめ、現在まで再開していない。

在日朝鮮学生美術展の巡回展に合わせ近隣の小中学校と合同展示を主催してきた千葉朝鮮初中級学校は、「異文化交流は互いの違いを認め尊重し合いながら共生の道を探すもの」（金有燮《キムユソプ》校長）として市民とともに現在も抗議を続けている。

■大橋藍《アルバイト先の香港式中華料理屋の社長から「オレ、中国のもの食わないから。」と言われて頂いた、厨房で働く香港出身のKさんからのお土産のお菓子》

２０１８年度東京五美術大学連合卒業・修了制作展で、国立新美術館が一部の作品撤去したである。作者は、美術館、大学側とやりとりした文書などを「検閲の経緯」として公開した。

■永幡幸司《福島サウンドスケープ》

本作は、3・11後の福島の音声を記録し、その音とスライドショーで映像化したものである。サウンドスケープは直訳すると「音風景」。２０１３年、千葉県立中央博物館で開催された「音の風景」展に本作は出品された。「福島大学の除染」「新浜公園」「信夫山」「小鳥の森」（２０１２年版）の4作品。その中で、作者が勤務する福島大学の学長や執行部の除染活動が不十分であると書いた説明文を博物館が削除、修正した。作者はこの検閲に対する抗議文を公開し、博物館に送付。回答も公開した（http://www.sss.fukushima-u.ac.jp/~nagahata/index-j.html）。

■岡本光博《r#297 表現の不自由の机3》

「表現の自由の机」と「著作権の机」というタイトルで近年継続してる作品群の一つ。激しい攻撃にさらされた平和の少女像を引用しつつ、関連資料（企業からの警告書、行政への要望書など）を組み合わせたものである。あいトリ2019に出品した《落米のおそれあり》（2017年）は、相次ぐ米軍ヘリの墜落事故への「警告看板」を絵画化し、伊計島の商店で公開予定だった。この事件は複雑な経緯もありシンプルな検閲とは言えないが、開催前にベニヤ板で封印された。

ここまでがあいトリの出品作家によるもので、今回、特別展として、あいトリ以前から連なる美術を「政治と美術」のかかわりから5作家の作品を展示する。

丸木位里・俊《ピカドン》は、占領期に刊行された数少ない被爆体験を伝える絵本。視覚表現に重点を置いた点ではほかに例がない。事後検閲で発行禁止となり、原画も没収されたと伝わる。

皇軍の一兵卒として侵略戦争に加担させられた20歳の山下菊二は、戦場での殺人、暴行、虐待、差別を拒否できなかった自己への呵責を抱えて戦後を生きてきた。1996年、山下菊二回顧展で〈天皇制シリーズ〉の展示自粛館が多数出た。図録不掲載にもなった。

赤瀬川原平は千円札事件で起訴され、皮肉を込めて1967年に《大日本零円札》を制作した。同年、千円札裁判を題材とした「表現の不自由展」を開催。不自由展の名称確定後に題名の重複を知り、「表現の不自由展〜消されたものたち」にさせていただいた。タブーに勇気をもって挑戦した氏の偉業を称えたい。

1971年、現代日本美術展（巡回）に招待された前山忠は、「反戦」「反帝」「反軍」という3枚の旗と、ベトナム反戦のチラシやステッカー、カンパ箱を置き、カンパしたらステッカーを持ち帰るという参加型作品を展示した。ところが東京都美術館は管理運営規則違反とし勝手にカンパ箱を撤去。作家は美術館と主催者の毎日新聞社に抗議した上、作品の全面撤去で抗議した。

フォトジャーナリスト豊田直巳は福島第一原発事故直後から取材・撮影を続ける。2018年春から写真展『叫びと囁き フクシマの7年間　尊厳の記録と記憶』が全国を巡回。同年9月、東京・大田区「男女平等推進センターエセナおおた」で、大田区人権・男女平等推進課が「展示許可の条件として該当の写真を外すこと」ことを主催者に指示した。豊田は憲法違反だとして受け入れず、プレスリリースを発表。大田区は謝罪し予定どおり開催された。

こうして振り返ってみると、それぞれの検閲事件がどのように起き、作家や観客、美術関係者はどう考え行動したのか、作品鑑賞とともにその営みを共有することがとても重要である。裁判に訴えた作家もいるし、自ら動き、中止を撤回させた作家もいる。また美術関係者と交渉を続け結論を出した作家もいる。事件の質と事件が起きた場所との関係性も大きく影響する。しかしいずれにしても作家たちは創作をやめることはなく営みは続いている。

このように、日本でどんな検閲が起きているかと可視化するとともに、そこで苦悩し行動した作家の営みに敬意を払い、エールを送りたい、そんな気持ちがある。こうした作家の営みを作品とともに共有すること、これが今後の私たちへのかけがえのない力となると確信する。こうした展覧会を封じることは、作品を発表する権利、観る権利を奪うとともに作家たちの闘いの記録を伝えることをも阻むことになる。

3. 背景にあるのは歴史修正主義、レイシズム、性差別

さて、《平和の少女像》がなぜこれほどまでに攻撃のターゲットになっているのか、その背景を見ておきたい。日本政府（とりわけ安倍政権）は、《平和の少女像》が初めて建立されてから現在まで一貫して撤去・移転を求めている。そればかりか、日本政府や右派勢力は世界各地の「慰安婦」メモリアル建立への妨害行為を繰り返している。認識すべきは、こうした文脈の中で起きているという点だ。

「慰安婦」問題報道の後退の中で

あいトリの時の電凸で、当初の攻撃の標的は50％がキム・ソギョン、キム・ウンソンの《平和

の少女像》で、40％が天皇を扱った大浦信行作品だった。「慰安婦」問題と天皇タブーといえば、真っ先に想起されるのが、２０００年に開催された日本軍性奴隷制を裁く女性国際戦犯法廷を扱ったＮＨＫの番組改ざん事件である。以降、「慰安婦」問題報道は大きく後退し、２０１５年の朝日新聞バッシングで決定的な後退を遂げた。あいトリの不自由展中止事件報道でも日本のマスコミによる「慰安婦」問題報道の自粛・偏向が見られた。

「少女」というイメージを払拭したい自民党

日本では２０１７年2月、菅義偉官房長官（当時）は少女像の呼称を「慰安婦像」に統一する方針を示した。「『慰安婦』が少女ばかりだったような印象を与える」などという変更を求める意見が自民党から相次いでいたことを受けたものとされている。しかし、朝鮮人「慰安婦」の過半数が10代の女性だったことは歴史研究で実証されている（金富子「朝鮮人「慰安婦」はなぜ少女が多かったのか?」『増補改訂版〈平和の少女像〉はなぜ座り続けるのか』世織書房、２０１９年、62頁）。ここに植民地支配が背景としてあることを見落としてはならない。こうした基礎的な歴史的事実を伝えるのも本来はメディアの役割だが、そのような解説記事も見たことはない。

本当に国際法違反なのか?

《平和の少女像》は国際法違反である――これは日本政府の主張である。ここで言う「国際法違反」とは、「ウィーン条約第22条」にある「公館の安寧の妨害・威厳の侵害」に抵触し「違反」だという主張である。

では《平和の少女像》は、本当に国際法違反なのか？　国際法学者の阿部浩己さんによると、国際法上、何を持って「公館の安寧の妨害・威厳の侵害」なのかは一義的でないという。その上で、《平和の少女像》の設置によって大使館の任務遂行を妨げておらず、公館の損傷や職員の危険はない。さらに、ウィーン条約違反か否かの判断には、現在の国際法体系全体に照らすことが重要だと指摘する。「国際人権法の観点からも、記念碑の設置は人権侵害の被害回復措置の一つとして位置づけられており、また、過去に向き合い、過去について知る市民の権利を実現することとも密接に関わっている」というのである。（阿部浩己「平和の碑の設置と国際法」『wamだよりVol.36』２０１７年８月、阿部浩己『国際法を物語る２』朝陽会、２０１９年参照）。

つまり、記念碑の設置は「人権侵害の被害回復措置」の一つであり、過去に向き合い、過去について知る「市民の権利」なのである。さらに作家の立場からすれば、他国からの表現の自由への侵害であり、日本政府による現在進行形の検閲とも言える。

「国際法違反」について、日本の新聞やテレビできちんと検証した記事や番組を見たことがない。全国紙５紙すべてが日本政府の主張どおりに伝えているだけで、撤去されてしかるべきとの論調になっている。一方、韓国のマスメディアでは、保守／リベラルを超え、「合意」直後から国際法の専門家などの見解、実例、判例を参照しながら日本政府の主張の根拠を問い、それに追随する韓国政府を批判している。日本メディアはなぜ独自に判例や基準などを調査し検証しないのか？

少女像は「反日」の象徴か？

《平和の少女像》を「反日」の象徴とするネット右翼や政治家の言説が溢れているが、韓国の市民から最も信頼されているというニュース番組ＪＴＢＣ「ニュースルーム」では、あいトリ開幕当日（２０１9年8月1日）、《平和の少女像》の展示を伝え、「日本の観客の反応は、私たちが考えていたのとは少し違いました」と報じた。隣に座って少女像の真似をして拳を握る男の子、手を重ねる子どもを抱いた母親、「反日」と思っていたけど作品に込められた意味を知ったという若い男性など、少女像を初めて見て共感する観客の姿をカメラは収めていた。

たとえば、傷だらけで踵が浮いた足に込められているのは、戦後も故郷に戻れず、戻っても安心して暮らせなかった道のりを表す。つまり韓国政府の責任や韓国市民の偏見を問うている。

最近、興味深い話を聞いた。コラムニストのサンドラ・ヘフェリンサンによると、ドイツ人に「親日」や「反日」という概念を理解してもらうことは困難だという。ドイツには「親独」「反独」という言葉は使われておらず、「報じられている内容がドイツに対して優しいか否か」という基準に基づいて判断するという発想がそもそもないそうだ。

日本の外交戦略としての少女像建立・展示への妨害

「韓国のほか、米国、カナダ、オーストラリア、中国、ドイツ、フィリピン、香港、台湾などでも慰安婦像の設置などの動きがある。このような動きは日本政府の立場と相いれない、極めて残念なものである。２０１７年2月、日本政府は、米国・ロサンゼルス郊外のグレンデール市に設置されている慰安婦像に係る米国連邦 最高裁判所における訴訟において、日本政府の意見書を同裁判所に提出した。日本政府としては、引き続き、様々な関係者にアプローチし、日本の立場について説明する取組を続けていく」

これは、外務省が毎年発表している『外交青書』２０２１年版の第2章第2節〈慰安婦問題についての日本の取組〉からの抜粋である。同じ内容は２０１８年版から掲載されており、日本の外交戦略として、少女像の建立や展示について妨害していることがわかる。実際、表現の不自由展が台湾で招待され開催された時も起きた。

あいトリによって中止された表現の不自由展を海外で開催したいというオファーもいくつかきた。最初は韓国・済州島の済州4・3平和公園で開かれた済州・沖縄・

平和芸術EAPAP 2019:島の唄展での特別展「表現の不自由展」(韓国・済州島)。筆者撮影

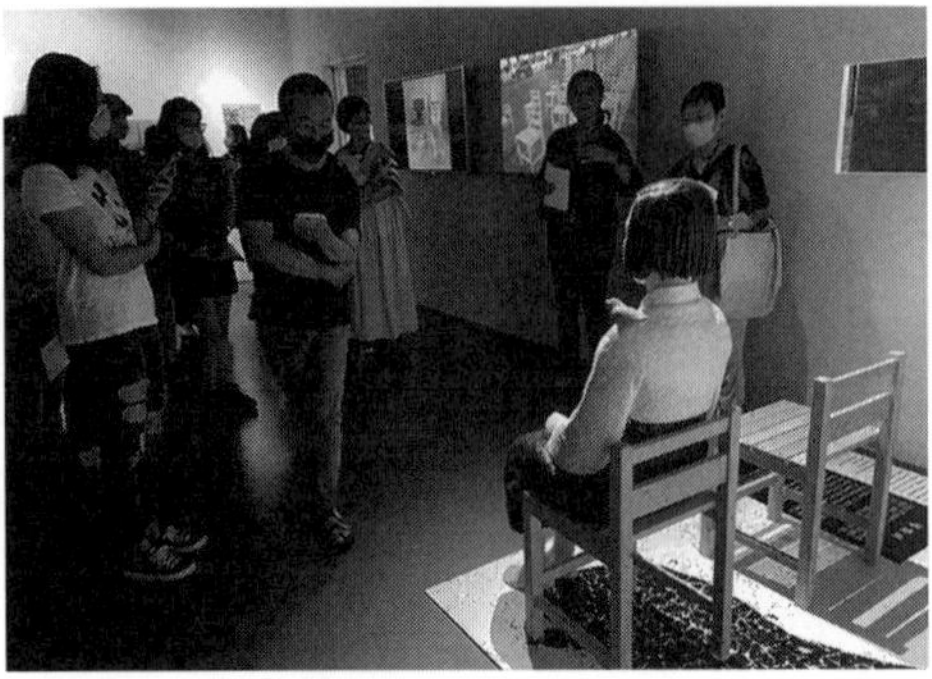

台湾の台北当代美術館。ギャラリートークの様子・2020年６月６日。

台湾の芸術家を中心に約80名による「平和芸術　EAPAP 2019：島の歌展」に、特別展として招待された（２０１９年12月19日～２０２０年1月31日）。

次に、台湾の台北当代美術館（MOCA Taipei）から出展のオファーを受けた。駱麗真《ローリーチェン》館長は「不自由展全体のイメージを表している」として《平和の少女像》の展示を強く望んでいた。少女像に加え、２０１７年12月に韓国ソウル・光化門広場で行なわれた《空いた椅子に刻まれた約束パフォーマンス》の映像作品も合わせて展示した。

実は台北展の準備過程で、公益財団法人日本台湾交流協会（台湾とは外交関係がないため、在外公館業務に類する事業を行なう団体）から呼び出しがあったと聞き、筆者らは大変心配し急遽リモートでミーティングを持った。その時、「日本政府からの圧力に屈したらＭＯＣＡじゃない」と言った館長の言葉に筆者らはどれほど勇気づけられたかわからない。

実際の日本台湾交流協会との面談では、なぜ開催するのか、誰が提案したのかなどを尋ねられたという。この企画の重要性を説明する貴重な機会だと捉えていた館長にとってプレッシャーではなかったそうで、説明した後、駐在の政府機関の人に観覧を勧めた。展示企画を発表してから、海外、特に日本メディアの関心が高かった。また、台日の友好関係にヒビが入るとか出品作品は芸術ではないなど、美術館のホームページに日本人から書き込みもあった。意見をもらうのはとても嬉しいと言い切る館長は、「戒厳令が解除後の民主化の歴史的歩みは感慨深く、その経験があるから、自分の立場が揺れないのだ」と語った。

こうして2020年4月18日～6月7日まで開催された台北当代美術館での表現の不自由展はコロナ渦にもかかわらず1万5000人もの来場者を集めた。

「コロナ禍でも若者中心に大盛況！　台北市で『表現の不自由展』(『週刊金曜日』2020年7月17日号)、「表現の不自由展 in台北～日本の『検閲』に驚きの声」(『放送レポート』2020年9・10月号)

ドイツ・《平和の少女像》をめぐる動きの中で

あいトリの開幕翌日2019年8月2日、ドイツ・ベルリンでは、芸術家女性団体GEDOKが「Toys are us」展でFRPの少女像展示していた。あいトリによる中止を聞いても中止はしないと同月25日まで展示された。8月14日には「旅する少女像」と題して地下鉄やバスに乗り、ブランデンブルク門広場で開かれた「慰安婦」メモリアルデーの集会に参加した。

2020年9月28日、ドイツ・ベルリン市ミッテ区の公共の敷地に、《平和の少女像》が設置された。市民団体「コリア協議会」が区役所の許可を受けて実施したものだ。しかし日本政府の撤去要請により、一時は同区が撤去命令を出した。それに反対し、ドイツ・コリア協議会は撤去

ドレスデン国立美術館　展覧会「言語喪失―大きな声の沈黙」。2021年４月15日～8月１日。David　Pinzer 撮影

命令仮処分を申請し、ドイツ市民をはじめ世界各地から抗議行動が起きた。その結果、同区は撤去命令を撤回、永久設置の決議案を採択するに至った。

日本のマスメディアの報道は撤回命令までは連続して取り上げていたが、その後はぱったり報道しなくなった。だから日本では撤去命令が撤回され、永久設置の決議案が採択されるに至っていることはあまり知られていない。そうした中、２０２０年10月12日の韓国・ハンギョレ新聞の記事に目を見張るものがあった。日本政府の圧力に屈したドイツの態度に衝撃を受けたという日本学専攻のドイツ研究者たちの声を紹介している。独ルール大学ボーフム社会学部のイルゼ・レンツ名誉教授は、少女像がドイツになければならない理由について「植民地主義と戦争暴力の歴史を持つドイツは、日本と似た問題に直面している」とし、「少女像は戦時性暴力と植民地主義を記憶しようとする記憶運動の象徴」だからと語っているのだ。少女像を「女性の権利回復」という枠のみで捉えようとする態度は日本ではよく見られるが、それとはまったく異なり、「戦時性暴力と植民地主義」をともにあげている点が本質をしっかりとらえている。

２０２１年4月16日、ドイツで4番目の少女像が設置された。ドイツのドレスデン国立美術館の民族博物館で開催中の展覧会「言語喪失――大きな声の沈黙」にはブロンズとＦＲＰの少女像2作品が展示されている。ここでもまた駐独日本大使館からの妨害が続いているという。しかし、3人の女性キュレーターが日本右派からの攻撃メールに晒されながらもすばらしい展覧会を開催したことに敬意を表したい。

最後に、ドイツ・コリア協議会代表の韓静和《ハンジョンファ》さんにベルリンとドレスデンの報告をしていただいた際、勇気の出るエピソードを聞いたので紹介したい。市民団体オマス・ゲゲン・レヒツ（Omas gegen Rechts／極右に反対するおばあさんたち）がベルリンの少女像を守っているというのだ。かつて活動家だった女性たちが年齢を重ねて極右に反対しているとは！

封じられた表現の不自由展開催を再開するため各地域は動き出している。東京では新たに弁護団を整え、公共施設での開催を目指している。名古屋では、失われた4日間を回復するために弁護団を作り、場合によっては訴訟も検討している。京都も改めて展覧会の実現を目指す。新たな地域から開催希望の知らせも届いている。各地域と連帯しながら、表現の伝達と交流の場を守っていきたい。

＊表現の不自由展公式ホームページでは随時、最新情報が更新されている。

第4章
あいトリの不自由展「中止」と再開から河村たかし氏の落選運動まで

高橋良平

1 「表現の不自由展・その後」再開を求める活動

2019年8月3日、国際芸術祭あいちトリエンナーレ2019内企画展「表現の不自由展・その後」が突如中止されたことに名古屋、愛知の市民は大きな衝撃を受けた。8月1日から開催された芸術祭と企画展へ、多くの抗議の電話やFAXが主催者や愛知県に届いていること、8月2日、河村たかし名古屋市長が松井一郎大阪市長に促される形で「表現の不自由展・その後」を見学し、出展作品の《平和の少女像》について「日本人の心を踏みにじる行為」と発言し展覧会の中止を求めたことが連日報道されていた延長線上での出来事だった。大村秀章愛知県知事が中止決定の説明として、「中止しなければガソリンをまきに行くぞ」という趣旨のFAXがあったことが決定的であったと述べ、多くの市民が前月の7月18日に発生した京都アニメーション放火殺人事件を想起し、今起きている事態の先行きに大きな不安を抱いたとした。しかし、それと同時に露骨な表現の自由への圧力を行なっている河村市長や、企画展を「反日」「政治的プロパガンダ」と決めつけ、中止させることを目的に嫌がらせのような抗議電話やFAXをしている一部の市民の言動に大きな怒りを抱いた市民も多くいた。

企画展の中止決定報道が出た翌日8月4日、名古屋市内では2か所で企画展の中止と、河村市長の発言に抗議する集会が市民有志によって開催された。それぞれ多数の市民が参加し、その1か所の抗議集会から私たち「『表現の不自由展・その後』をつなげる愛知の会」が結成された

（当時は「『表現の不自由展・その後』の再開をもとめる愛知県民の会」という名称だった）。愛知芸術文化センター前で行なわれた抗議集会では「見たかったのに‼　暴力で『表現の自由』を封殺するな！」と書かれた大きな横断幕が登場した。この表現に、当時市民がどのような思いを抱いていたのかを知ることができる。

愛知県芸術文化センター入口で展示中止に抗議のスタンディング。2019年8月4日。イ・ドゥヒ撮影

スタンディングはじまる

私たちの会は、この日から連日、愛知芸術文化センター前で再開を求めるスタンディングを行なうことにした。そして、再開をもとめる要請書を愛知県に、「日本人の心を踏みにじる行為」と発言し企画展の中止ともとめた河村市長への抗議文書を名古屋市にそれぞれ提出することを決めた。

8月7日、私たちは大村愛知県知事への要請書と河村たかし名古屋市長への謝罪要請書を提出し、記者会見を開催した。20名を超える市民が参加し、旧日本軍性奴隷制度問題についての河村市長の発言への怒りを中心に、早急な企画展の再開を訴えた。

再開を求めてのスタンディングは連日午前10時から1時間行なわれた。思い思いのバナー、横断幕を持参して参加する市民も多くいた。特に《平和の少女像》をモチーフにした横断幕は、スタンディングが《平和の少女像》を観ることのできない現状への抗議であることを参加者と通行人に明らかにした。《平和の少女像》は、私たちの中では企画展の再開をもとめる象徴的な意味をも有していた。そしてそのことは、少なくない市民の中にも浸透していった。また、あいちトリエンナーレを観に来た市民が、スタンディングを観て参加するといったことや、たまたまスタンディングの前を通った海外からの旅行者が意味を訊ねて理解し参加することなども起きていった。台湾からの旅行者は《平和の少女像》の横断幕を観て興味を持ち自ら声をかけてきてくれ、スタンディングにも参加した。

連日のスタンディングを行ないつつ、私たちは「8・14『表現の不自由展・その後』の再開を求める愛知県民集会」を愛知芸術文化センター前で開催した。旧日本軍性奴隷制度問題の被害者である金学順《キムハクスン》さんが一番最初に名乗り出た「メモリアルデー」に合わせておよそ100名の市民が再開を求め、河村市長に抗議する意思を表示した。

さらに2019年8月24日、愛知芸術文化センターのすぐ後ろにある栄公園で、今度はこの間署名活動などで再開を求める運動を行なっている市民、そして作家の方々からの発言をまじえ、再開を求める市民の声をより強くしていこうと、「『表現の不自由展・その後』の再開を求める8・24集会&デモ in 名古屋」を開催した。

当日は、おおよそ200名の市民が参加し、飛び入りの発言もあった。《平和の少女像》作家のキム・ソギョンさんとキム・ウンソンさん、「重重　中国に残された朝鮮人元日本軍『慰安婦』の女性たち」作家の安世鴻《アンセホン》さん、マネキンフラッシュモブの朝倉優子さんが参加してくださり、発言があった。時折右翼の街宣車が近くまで来て騒音を出すこともあったが、参加者の一人から発せられた「私たちから考える機会を奪わないでください」というメッセージが多くの参加者の心に響いた。

名古屋市栄公園で連帯の挨拶をするキム夫妻。
2019年8月24日。神戸郁夫撮影

集会の発言は一部がインターネット上で現在も見ることができる。集会後のデモ行進では、愛知芸術文化センターの横を通って名古屋市の中心部である栄を行進した。

私たち市民が明確に再開を求める活動を行ない、その動きが広がりと重なりを形成していく一方、大村知事は8月9日に、国際芸術祭あいちトリエンナーレの在り方を検証する委員会を設置すると発表した。当時、大村知事は河村市長が作品の出展に異議を唱え、企画展の中止を求めていたことと対し、表現の自由は守らなければならず、公権力が芸術祭の作品選定に介入してはならないと主張していた。しかし一方で、肝心の作家である「表現の不自由展・その後」実行委員会や出展作家とは、なんらの話し合いもないままに検証委員会を設置しており、主張と行動が一致していないことは明白だった。そして市民の中には大村知事の行動は間違っているので、もっと大村知事に対する批判を強めるべきであるという主張もあった。一方、河村市長やネット右翼などが大村知事への批判を強めていた現実があり、ここで大村知事を批判することは再開をもとめる運動を弱めるのではないかという意見もあった。

検証委員会については、検証委員の選考過程が不明瞭であったため、のちに市民が愛知県に対して情報公開請求を行なった。しかし文書では記録が残っていないとの回答であり、検証委員会自体の不透明性が明らかになった。今後、検証委員会自体の検証も必要だと考える。

共同要請書と公開質問状を提出

結局、再開を求める世論を強めることを第一の目的とし、大村知事が再開の決断を行なうよう促すことが大切だという結論になった。そのため、市民団体の連名で再度大村知事に再開を求める要請書を提出し、さらに企画展の中止と再開については、芸術祭の実行委員会の委員長である大村知事の権限が決定的であることを明確にするための公開質問状を提出することにした。あたかも再開については検証委員会の結論次第であるかのような問題の持って行き方に対し、世論としては強く再開を大村知事に求めることが大切であるということ示すためでもあった。また、大村知事には再開を求める内容、河村市長には抗議の内容のハガキを送ろうという呼び掛けと、かんたんな文面を印刷したハガキを用意し、広く市民に呼びかけた。そのハガキはスタンディングの現場でも多数配布された。

市民団体に要請書への連記を求めるに際して、自分たちの会がどのような会であるかを明確にする必要があることから、長年名古屋で旧日本軍性奴隷制度問題に携わってきた久野綾子さん、そして「『韓国併合100年』東海行動実行委員会」の磯貝治良さんに会の共同代表をお願いしたところ快諾をいただいた。

要請書への連記には、最終的に182もの団体が応じてくれた。国内からは多様な市民団体や労働組合が、そして海外からも複数の団体が連記してくれた。多様なメンバーが各自のネットワークを活用した結果だったと思う。

9月10日、県庁で共同要請書と公開質問状を提出し、記者会見を開催した。要請書の提出の際、愛知県の職員は団体の数を聞いてとても驚いていた。この問題に多くの注目が集まっていること、とりわけ再開をもとめる声が強くあることを示すことができたと思う。

愛知県芸術文化センター前で再開を求める市民。
2019年9月13日。谷口亙撮影

9月15日、企画展中止の当事者である「表現の不自由展・その後」実行員会が名古屋市内にある会館で再開を求める集会を開催した。この集会に私たちも賛同・参加した。再開をもとめるために裁判所に仮処分の申請を13日に行なったことが明らかにされた。

9月16日、愛知県から公開質問状に対する回答が届いた。内容は仮処分の裁判を提訴されているので答えられないというものであった。ただ、公開質問状を提出した際に、質問内容の一つである、今回の企画展の中止の決定が芸術祭の実行委員会の委員長の権限によるものであるのかどうかの質問に対して、愛知県の担当者が、芸術祭の実行委員会の委員長の権限によるものであると回答したことは成果であった。あくまで大村知事に再開の権限と責任があることが明確にされたからだ。

情勢はこの間も動いており、検証委員会の第2回目が9月17日に開催された。また9月21日には「表現の自由に関する国内フォーラム」が検証委員会の主催で開催されることになっていた。

しかし、重要なことは、検証委員会の議論や結論よりも、再開を求める意思を大村知事に対して明確に、そしてより大きく表示することであった。それゆえ9月22日に、再開を求める全国集

名古屋市矢場町付近で再開を求めるデモ。2019年9月22日。谷口亘撮影

会を呼びかけ開催することにした。

再開を求める全国集会へ

9月22日、名古屋市内で再開を求める全国集会を開催した。全国集会と銘打ったにもかかわらず、蓋を開けてみると250名くらいの参加であった。運動を作ること、世論を広めることの難しさを痛感したが、大阪からたくさんの市民が参加し、名古屋からもこれまで参加していなかった市民が参加するなど、運動の広がりを感じることもできた。集会は「表現の不自由展・その後」実行委員会の小倉利丸さんと岡本有佳さん、作家からは《遠近を抱えて》《遠近を抱えてPart Ⅱ》の作家である大浦信行さんから発言していただき、連日スタンディングに参加している市民が自らの思いを述べる発言もあり、とても充実した内容だった。

9月25日、検証委員会の第3回目で「表現の不自由展・その後」を再開するべきという答申を出した。また「表現の不自由展・その後」実行委員会が提訴した再開を求める仮処分の裁判も、裁判所が強い興味を示したことで迅速に進行していった。

あり得ない文化庁補助金凍結

ところが9月26日、萩生田光一文科相（当時）が、あいちトリエンナーレ2019への文化庁補助金の凍結を発表した。直接の主管である文化庁ではなく文科省の大臣が公表したこと、またそもそも補助金交付を決定した委員会になんら確認することなく一方的に行なわれたことなどから、安倍政権として何が何でも反対の意思表示をしたいのだと感じた。

私たちは、この文化庁補助金凍結も大問題であると考え、9月29日愛知芸術文化センターの前で抗議のスタンディングを行なった。100名近い市民が参加した。集会では補助金不交付決定を撤回するようもとめる要請書を確認し、後日、文化庁に郵送した。

また、「撤回させよう！　萩生田文相による補助金不交付決定10・5愛知集会」を開催した。この集会では、「表現の不自由展・その後」が中止になる前から中止を危惧し、ネットで署名活動を開始した井口大介さんを講師に招き、ドイツの芸術祭ドクメントを参考に、表現の自由と芸術について話をしていただいた。日本においてはなかなか表現者から検閲に反対する意思表示が少ない状況であること、市民が声をあげることが大切であることが明らかになった。

検証委員会が再開をもとめる答申を出した9月25日以降、再開を待ち望んでいた私たちだったが、なかなか再開の具体案は公表されず、芸術祭の最終日である10月14日が迫っていた。

10月7日、これ以上再開が延期されれば、市民が実際に鑑賞できる期間があまりにも短くなってしまうことから、公開の場での協議と和解案にもとづく再開を求める要請を愛知県に対して行なった。海外作家たちの相次ぐボイコットや不自由展実行委員会による仮処分申請などもプレッシャーとなっていく中で、その日の夕方に大村知事から翌日8日から再開するとの発表がなされるに至った。しかし、再開したものの、中止以前とは異なり、ＳＮＳでの発信制限など多くの制限が課されていた。私たちは再開を喜びつつ、できるだけ制限のない再開を求めることが必要だと感じた。また再開を決定したことによって、再び反対派の活動が活発になることも予想された。10月9日、私たちは芸術祭の実行委員会に対して、人数制限を行なわないことを要請した。しかしそれはかなわず、実際は観ることのできない市民が多く発生してしまった。

10月14日、あいちトリエンナーレ2019は終了した。「表現の不自由展・その後」は結果的に再開されたものの、期間中はほぼ中止させられていた。そして再開の際にも多くの条件が追加されていた。私たちは、この間の運動の成果や課題を明らかにするために、「11・2みんなで語ろう『表現の不自由展・その後』の中止と再開を！ 総括集会」を開催した。集会では、再開を求める運動に関わった市民同士、グループに分かれて議論し、議論の結果をそれぞれが発表した。その中で、問題は解決していないという意見が多数あった。文化庁による補助金不交付問題もまだ残っていた。また、河村市長も名古屋市のあいちトリエンナーレ分担金の一部（未執行分）について不払いとすることを示唆していた。それゆえ、団体と運動を継続させる必要があると判断し、名称を「『表現の不自由展・その後』をつなげる愛知の会」と改称し活動は継続することとなった。

2　大村知事へのリコール活動に反対する取り組み

２０２０年3月27日、あいちトリエンナーレ名古屋市あり方・負担金検証委員会は、あいちトリエンナーレ2019の名古屋市分の負担金一部約3300万円について、これを不交付とする河村市長の決定を支持する答申を出した。これを受けて私たちは4月15日、不交付決定に抗議するとともに負担金を交付するよう求める要請書を名古屋市に提出した。

一方、私たちは2019年の10月以来、多くの市民が「表現の不自由展・その後」を観ることができなかったこと、河村市長が相変わらず「表現の不自由展・その後」を批判し、歴史改ざん主義を推し進めていることから、名古屋市で「表現の不自由展・その後」を開催しようと考えていた。しかし、コロナの感染拡大が懸念される中であったため、5月過ぎに2020年度の企画展開催は見送ることとことにした。ただ、同時期に「表現の不自由展・その後」の開催と再開を理由とした大村知事へのリコール活動が行なわれるという話がチラホラと聞こえてきた。

高須氏・河村市長ら知事リコール活動開始

2020年6月2日、高須克弥氏が記者会見を開催し、大村知事へのリコール活動を行なうこと、またそのための政治団体を結成することを公表した。この記者会見の席での高須氏の「表現の不自由展・その後」出展作品についての意見は本当に酷いものだった。表現の自由を制限すべきという重大な主張の根拠は、作品に対する一方的な思い込みにもとづく嫌悪感でしかなかった。しかしより重要な問題は、この記者会見の背後に河村市長の存在と思惑があったことだ。

名古屋市のあいちトリエンナーレ2019負担金一部約3300万円の不払いに対しては、あいちトリエンナーレ実行委員会によって名古屋市を提訴するという事態に進展していた。裁判は名古屋市に不利であるというのがもっぱらの話だった。そのせいもあってか、記者会見の前日に河村市長は高須氏に裁判のことを話し、リコールの話を相談していた。高須氏は、会見前日に河村市長から相談があったということを記者会見で明言している。また高須氏はこの記者会見で、大村知事が許しを求めてきたら許すとも述べていた。つまり、交渉に応じるというのである。そしてこの場合の交渉材料は名古屋市のあいちトリエンナーレ2019負担金裁判以外にはない。このように、大村知事へのリコールは河村市長が自らの間違った言動の結果追い詰められた挙句に起こした政治的行為であった。

なぜ知事へのリコールに反対したのか

しかし、私たちが大村知事へのリコールに反対した理由は、上記のような背景だけではなかった。２０１９年の「表現の不自由展・その後」中止と再開以降、ひろしまトリエンナーレでの検閲問題、しんゆり映画祭での『主戦場』上映中止問題、三重県伊勢市の「伊勢市美術展覧会」での《平和の少女像》の写真を一部使用した作品の展示を不許可にした問題など、不当な抗議や圧力と、それに応じた検閲が蔓延している状況があった、そんな事態の中で、その大きな原因を作った河村市長が行なう大村知事へのリコール活動が、さらなる表現の自由を不当に制限する効果をもたらすことへの懸念であった。また、あたかも大村知事に切腹を迫るかのような高須氏の記者会見での言動に、２０１９年の「表現の不自由展・その後」への暴力的抗議が重なり、そのような光景をもう二度と再現してはならないという思いからであった。

ところで、リコール活動の分析を行なう際、日本会議の動向や自民党の県議会、市議会での動向も分析対象であった。日本会議は憲法改悪を運動として行なうことなどが有名であるが、愛知県の日本会議の会長は大村知事の後援会会長でもあった。そして自民党は河村市長とは対立していた。以上から既存の保守層が組織的にリコール活動を行なう可能性は極めて低かった。

一方、このリコール活動が、愛知県内や全国のネット右翼と呼ばれる人たちを現実の街頭行動や政治行動に参加させ、集団化させることに懸念があった。高須克弥という著名人がその媒介になる危険性があった。

私たちは反対の声明を作成し、反対の世論を形成するためにインターネット、地域での署名活動を展開することにした。また記者会見を行ない、反対集会も開催することにした。記者会見の様子は県内の報道機関でそれなりに報道され、反対世論の存在をしっかりと示すことができた。一方、市民の中には反対することで、そもそものリコール活動を宣伝してしまうのではないかという意見があり、当初会内にも同様の意見は存在した。

リコール活動の開始はコロナの影響もあり8月25日にずれたが、こちら側は当初の予定どおり、8月1日に反対集会を栄で行なった。大変な暑さの中２００名を超える市民が参加し、リコール反対の意思を表示した。

８月25日、リコール活動開始初日、私たちは名古屋市役所にて河村市長にリコール活動に加担しないよう求める要請活動を行なった。コロナ感染拡大の中、市長が行なうことはコロナ対策であり、自らの歴史改ざん主義にもとづく大村知事へのリコール活動ではない、という要請内容だった。

2020年8月1日、「表現の不自由展・その後」を理由としたリコールに反対する市民集会。栄噴水広場

チラシ配布を重点に

リコール反対活動では、地域でのチラシ配布を重点的に行なった。高須氏が財力にモノを言わせて、全県にリコールのためのハガキを配布すると宣言したことを受けてのことだった。メールやＳＮＳ、集会などを通じて配布をよびかけ、合計１万５０００枚以上のチラシを市民で県内各地に配布した。全県配布に比較すれば微々たるものだが、それでも市民が自発的に配布することを呼びかけ、それに呼応する市民が多数出現したことは、同じ思いを共有できたという意味でも、周囲により反対の意思を広げるという意味でも成功だったと思う。

９月６日には市民集会とデモを開催した。この集会では、リコール反対運動が、あくまで高須氏と河村市長の主張と行動に反対するという立場からの行動であり、決して大村知事の県政に対しての賛否を問うものではないことが強調された。300名を超える参加者が参加し、名古屋市内をデモ行進した。しかしこの集会とデモで感じたことは、そもそも多くの市民がリコール活動のことを知らないということだった。たしかに芸術祭の作品が理由であること、しかも「慰安婦」問題や天皇制といった背景にある課題は抽象的であり、一般的ではない。それゆえこの時期には、先述した保守層の組織的な動きのなさから見ても、今回のリコールが成立することはまずないという実感を持った。

芸能人を使っての街頭宣伝をはじめた高須氏ら

しかし高須克弥氏らは9月25日に、リコール活動の低迷をさらなる大衆化路線によって挽回しようと、芸能人のデヴィ夫人や作家の百田尚樹氏を名古屋に呼んで街頭宣伝を行なうことを公表した。デヴィ夫人の知名度を活用し注目を集めようとのことだったのだろう。

「表現の不自由展・その後」は、日本社会における検閲の問題、とりわけ歴史事実や天皇制に関わる検閲の問題を芸術作品を通じて考える契機という意味合いを持つ、きわめて社会的な展覧会であり、また、個人が社会とどう向き合うのかを考える真摯な試みだと考える。対してリコール活動は、歴史改ざん主義、象徴天皇制の悪しき政治利用、そもそも自らの政治的主張に反する、といったおおよそ身勝手な理由で進められていたが、このようなリコール活動を「おもしろ」「おかしく」進めることは、日本社会の在りようを問う試みや、そうした試みを内包する表現・芸術活動全般に対する冷淡な態度を生み出すと考えた。

対抗言説の大切さ

それゆえ、私たちも9月25日に対抗的に記者会見を行なうことにした。できるだけ作家の方からのメッセージを前面に出して、いかにこのリコール活動が表現者と作家にとって有害なものであるかをアピールしたいと思った。当時「表現の不自由展・その後」実行委員であったアライ＝ヒロユキさん（美術・文化社会批評）には記者会見に参加していただいた。また、作家の大浦信行さんからは、そもそも河村たかし氏のような歴史改ざん主義者が名古屋という大都市の首長になることが問題で、しかもリコールを言い出すことは間違いであること、さらに自身は2019年の「表現の不自由展・その後」中止・再開を経て「検閲があっても作家の創造力は殺せない、とつよく思いました。今後どんなことがあっても自分は作品を作り続ける」とのメッセージをいただいた。作家の白川昌生さんからも「戦後の日本は、天皇独裁国家ではなく、民主主義の国になり『表現の自由』は憲法でも保証されていることでもあるのに、それを無視して排除しようとする彼らの行動は、憲法を無視したものでしかない。それも特定の政治、宗教団体の国家観を反映したものでしかない。『表現の不自由展・その後』に作品を出した作家の一人として、このリコールの社会、政治的な無意味、不誠実さを知って欲しいと思う」とのメッセージをいただいた。私たちの会は、声明という形でリコール反対活動の中間報告を行ない、今後もリコール活動に反対することをあらためて明らかにした。

結論を述べれば、百田氏とデヴィ夫人の名古屋訪問は大した効果をもたらさなかった。メディアからもあまり注目されなかった。そのせいもあってか私たちの記者会見にも、ほとんど報道機関は来ず、県内外含めてほとんど報道もされなかった。しかし、私は個人的にはこの9月25日の記者会見は非常に重要な意味を持っていたと認識している。それは現実的な影響力や効果を考えれば、対抗的な言説を組織する必要性は低かったかもしれないが、悪質さにおいて際立っている場合には、しっかりと対抗的な言説を組織することが、結果的には悪質なリコール活動の広がりを予防する効果を持つと考えているからだ。対抗的な言説がなければ、高須氏らの主張だけが一方的に流布することになる。それだけは避けたかったし、避けることができた。当時の記者会見の模様は私たちの会のブログから映像で見ることができる。事後的な効果という点から見ても、対抗的な言説は大切だと考える。

9月25日以降、リコールが不成立になることはより明白になった。しかし、愛知県内には全国からリコールを口実に「表現の不自由展・その後」を誹謗中傷する人々が大挙し、また同じく愛知県内において、リコール推進派のみが活動している状況を作り出してはならないという認識から、引き続きリコール最終日まで活動することにした。週末、各地で反対の街頭宣伝を行なうことを呼びかけ、私たちも名古屋市の中心部で街頭宣伝を行なった。10月18日には「やっぱりおかしい！　大村知事へのリコール10・18市民集会」を開催した。ここでは、近年問題となっている差別排外主義的な言動がリコール活動を通じて強まる危険性があることなども指摘された。

11月7日、高須・河村両氏は記者会見を行ない、両氏らが8月25日から開始した大村知事へのリコール活動を終了すると宣言した。解職請求自体を可能とするために必要な署名数に達しない中での活動終了宣言は、リコール活動が失敗したことを意味する。私たちは会内でどのように総括するのかを話し合ったが、そもそもリコール活動の正確な情報が得にくいという状況が総括を困難にするという話になった。高須氏らの主張する署名数の信頼性が低く、評価することが困難であるというのが理由だった。

「お辞めください河村市長！」キャンペーン　署名3万筆超える

その後リコールの不正についての報道がどんどんなされるようになってきた。とりわけ「表現の不自由展・その後」関係の話題についてはほとんど沈黙していた中日新聞が積極的な取材を行ない、次々と不正を明らかにしていった。不正は、アルバイトを雇用し、過去の選挙人名簿にもとづき違法な署名を行なうというきわめて露骨で、かつ民主主義の大切な手段としてのリコール活動を貶める行為であった。

不正が明らかになるにつれ、河村市長は自らを被害者であると主張していった。とはいえ、元をただせば河村市長の思惑から開始されたのがこのリコール活動。そうである以上、河村市長に

2021年３月７日、「お辞めください河村市長！」デモ行進。栄付近。谷口亙撮影

は責任がある。しかるに自らの責任を棚上げし被害者として逃げようとする河村市長には、これ以上市長の役職につくべきではないという意見が会内で多数出てきた。さらにちょうど2021年4月に市長選挙があり、選挙に立候補するのか微妙な時期でもあったので、そもそも立候補してほしくないという意見も出て「お辞めください河村市長！」キャンペーンを開始した。インターネットで河村市長の辞任をもとめる署名を集めたところ3万名以上の署名が集まり、用紙での署名数と合わせると最終的に3万1880筆もの署名が集まった。

3月7日、「リコール不正許せない！　3・7市民集会」を開催した。1週間前の呼びかけにもかかわらず250名もの市民が参加した。精神科医の香山リカさん、ジャーナリストの金平茂紀さんも映像とZoomでそれぞれ参加してくださった。集会後は名古屋市内をデモ行進した。

3月19日、多くの市民が反対する中、河村市長は市長選に出馬することを表明した。私たちはたまたまその日に河村市長へ辞任をもとめる署名を提出したところだった。

ところで、辞任を求める署名は受け取り先の名古屋市が、リコール活動についてはあくまで政治家河村たかしの活動であり、公務ではないという理由で受け取りを拒否。リコール活動への協力を呼び掛けるハガキには「名古屋市長」という肩書が使用されており、連日の街頭でのリコール活動の際にも肩書を使用していた。それにもかかわらず公務ではないという理由で署名の受け取りを拒否した名古屋市の対応に多くの市民から怒りの声が上がった。

河村たかし氏落選運動

4月25日投開票日の名古屋市長選挙に対して、私たちは河村たかし氏の落選運動を行なうことにした。各地域でのチラシ配布、街頭宣伝を中心に活動を設定し、4月10日には「選挙で示そう！　河村NO！　4・10市民集会&デモ」を開催。精神科医の香山リカさんに直接お越しいただき、発言をしてもらった。また自民党の元県議の方からも発言をいただき、広範な民意として、河村たかし氏の落選運動をすすめようと意思一致した。

「受け取り拒否された3万3025筆の署名簿」（実物ではない）は名古屋展で展示された。岡本有佳撮影

その後、街頭宣伝、地域でのチラシ配布などを行ない、河村氏の落選を訴えたが、4月25日に河村氏は市長に再選されてしまった。圧倒的な知名度と、ポピュリズムが再選の背景と言われている。しかし、再選されたからといって、これまでの問題がなくなってわけではない。あくまで私たちは河村市長の問題を追及するという意思を表示するために再選の翌日4月26日には、辞任を求める要請書を名古屋市に提出した。

3　再開をもとめる運動、リコールに反対する運動をふりかえって

2019年8月から2021年4月までをふりかえると、《平和の少女像》についての河村市長の発言に怒りを覚え、また暴力的な方法も含めた企画展への中止要求になんとかしなければいけない、という思いが重なり多くの市民が行動を起こしたと考える。

また、その後も「表現の不自由展・その後」への執拗な批判やそれをリコールの理由とする河村市長をはじめとする歴史改ざん主義者たちの「表現・芸術の政治利用」に対して、真正面から反対の意思を表示してきたことは、河村市長らの「暴走」を許さず、それを押しとどめる一定の効果を果たした。多くの市民がそれぞれの思いと方法で、河村市長や歴史改ざん主義者たちの「暴走」行為に抗議の意思を表示した。このように多くの市民が自発的に意思表示と行動を起こしたことこそ、何よりの成果だった。

第5章

失われた4日間の回復をめざす 私たちの「表現の不自由展・その後」

山本みはぎ

再び踏みにじられた表現の不自由展

2021年7月6日から11日まで、名古屋市栄の市民ギャラリー栄で、「私たちの『表現の不自由展・その後』」を開催したが、3日目の朝、卑劣な暴力行為によって中止を余儀なくされた。2019年のあいちトリエンナーレの企画展「表現の不自由展・その後」が、中止に追い込まれ不完全な再開を受けて、市民の手で再び表現の自由を取り戻し、歴史の改ざんを見直す機会になればと企画した展示が、またも中止に追い込まれたことに忸怩たる思いだ。

今回の中止事件で、歴史の事実を歪曲し、民主主義の基本である表現の自由を暴力で圧殺しようとする一部の勢力、そしてその事実を直視せず硬直化した思考でまともに対応をしない行政の姿勢が明らかになった。私たちは、今回の中止決定とその後の対応を決して許すわけにはいかない。表現の自由を取り戻し、歴史の事実を再び明らかにしなければならない。そのために、失われた4日間の取り戻す必要がある。何が起きたのか、あらためて振り返り壁をこえる作業を始めていきたい。

1 開催まで

2019年8月、あいちトリエンナーレの企画展「表現の不自由展・その後」が、妨害や脅迫、嫌がらせなどの暴力によって中止になり、会期末直前になって再開はされたものの、その再開は、人数制限やさまざまな制約があり、たくさんの人が展示を観られなかった。私たち「表現の不自由展・その後をつなげる愛知の会」（以下、つなげる会）は、あいちトリエンナーレ実行委員会に開催の方法など再考するように要請をしたが、結果的には再考されず、多くの「観たかったのに」という人たちの想いは実現できなかった。

「表現の不自由展・その後」の再開後も、名古屋市によるあいちトリエンナーレの分担金の不払い問題、日本第一党による「トリカエナハーレ」の開催などに反対する運動を続ける中で、大勢の「観たかった」という人の想いを実現させるために私たちの手で展示会を開催しようと声があがった。

２０２０年2月から、不自由展が開催された愛知芸術文化センターに会場を決め、実行委員会の立ち上げ、作品の選定、「表現の不自由展実行委員会」との調整など準備を始めた。しかし、新型コロナが蔓延し出した時期と重なったこと、会場として申し込んだ愛知芸術文化センターから許可条件として十数人の制服の警備員の配置の条件が付いたこと、河村たかし名古屋市長らの大村秀章愛知県知事リコール運動が始まったことなどが重なり、いったん開催を保留とした。そして２０２０年の11月、大村知事リコール運動が一段落（その後、リコール不正の問題が明らかになったが）した時期に、再度展示会開催に向けて動き始めた。

まず、つなげる会の各メンバーが企画案を出し合い、企画のコンセプトをまとめていった。

その時、確認した展覧会を開催する意義には次のようなものがあった。

「あいちトリエンナーレの企画展『表現の不自由展・その後』の中止事件は、表現の自由が侵害され、日本の戦争責任・植民地支配への歴史改ざんであり、日本の侵略戦争や植民地支配の清算が果たされていないことを如実に示した。『表現の不自由展・その後』の展示の中で中心的に攻撃されてきた作品を展示することにより、改めて歴史認識・戦争責任などを問う展示にしたい」

「歴史の歪曲をすすめる勢力が政治の中心に座るなか市民が声をあげることが重要。分断ではなく連帯。市民の声を、企画展を通じて日本社会に発信し、私たちに課せられた課題を、一人ひとりが考える機会にしたい」

「《平和の少女像》と「慰安婦」被害者の写真という具体的な作品を展示することで、表現の自由の重要性といま日本で進行しつつある表現の自由の侵害を見える化し、特に政府や右派団体の妨害を恐れて自発的に表現を抑制することに対する問題提起とする」

「戦時下の日本軍による性暴力の清算が20年の歳月を経ても進展していない。《平和の少女像》は、戦時中の女性への性暴力の象徴。人権、歴史、表現を一緒に学びたい」

「2019年『表現の不自由展・その後』への抗議・脅迫は基本的人権の侵害。改めて近代社会の根本原理である『基本的人権』に注目し、その意義を市民が再確認し、自分たちのものにする」

これらの意義をメンバー同士で確認して企画に臨んだ。

「──表現と歴史の回復のために──」と題した開催趣意書は、「2019年夏、愛知県で表現の自由、見る権利、そして歴史が奪われようとした。それも検閲された作品を集め『表現の不自由』をテーマにした展覧会で。それは現在もつづいている。執拗に、あちこちで。どんな作品が表現を奪われようとしたのだろうか？　なぜ奪われようとしたのだろうか？　奪われようとしている歴史とは何なのだろうか？　なぜそれは今も続いているのだろうか？　問いは果てしなく生まれてくる。しかし私たちは、作品そのものに身近に触れて、何かを感じる。そのことを大切にしたい。問うことよりも、感じることをまずは回復したい。そのために「私たちの『表現の不自由展・その後』」を開催します」と結んでいる。

2　公共施設の貸し出しをめぐる攻防

2021年1月になって具体的に会場を決め、展示作品の選定を始めた。会場は名古屋市の施設で、文化振興事業団が管理運営する、市民ギャラリー栄とすること、作品は「表現の不自由展・その後」の展示の中で特に問題になった《平和の少女像》と《遠近を抱えてpartⅡ》そして、安世鴻《アンセホン》さんの写真と、2年間のつなげる会の活動を紹介する企画を展示すること、開催時期は7月と決めた。

２０２１年１月、正式に市民ギャラリー栄に会場の貸し出しを申し込んだ。ところが、市民ギャラリー栄は、すぐには許可を出さず、ほかの団体が借りていない時期の日程変更提案や、展示会場以外の部分にも「警備」要員を配置することなど、いろいろな条件を出してきた。

日程の変更などは到底飲めるものではなく、そもそも名古屋市の市民ギャラリー条例や市民ギャラリー条例施行細則によっても、施設の貸し出しを拒む理由はないし、地方自治法２４４条２および３では、「正当な理由がない限り、住民が公の施設を利用することを拒んではならない」「住民が公の施設を利用することについて、不当な差別的取扱いをしてはならない」と規定している。

建物は名古屋市と民間企業が共同管理をしており、７階と８階が名古屋市から委託を受けた名古屋市文化振興事業団が管理・運営するギャラリースペースになっている。ほかの階には区役所や保健所などが入居をしているが、展示場以外にも「警備要員」をという条件について、私たちが利用を申し込んだ８階の展示場以外の施設、ましてや区役所や保健所など他のスペースの管理権があるはずもなく、「警備」などという資格もないことは明らかであり、私たちの責任の及ぶところではない。そもそも、許可の理由に「安全性の担保」をあげることは、法に照らしても不当な要求である。来場者が多数になった場合、人員の「整理」はするが、それは許可を出してからの話し合いでという主張は譲れない線だった。

話し合いは平行線をたどったことから、弁護士にも相談し、申し込みから３カ月たっても許可を出さないのは行政不服審査法に基づく「行政の不作為」にあたるとして再度交渉に臨んだ。結果、4月27日に施設使用許可が出された。名古屋市長選で河村名古屋市長が4選を果たした直後だったのは単なる偶然とは思えない。

そして、もう一つ厄介なことに、私たちの展示期間中に、日本第一党が企画する「あいちトリカエナハーレ2021」が、同じフロアで開催されるということがわかった。「トリカエナハーレ」は、2019年、2020年にもあいちトリエンナーレに対抗し企画しているもので、2019年の展示は県の施設で行なわれ、「犯罪はいつも朝鮮人」と書かれたカルタなどヘイト展示がされた。大村知事ですら、「明確にヘイトにあたる。その時点で中止を指示すべきだった」と事後に明言するほどのヘイト展示である。本来、別の会場での開催を進めていたものを、私たちが開催するということで会場を変更したという。私たちの展示に対する、嫌がらせ、恫喝以外何ものでもない。

結局、正式に会場が決まるまでに3か月を要したが、「安全」を条件に、公共の施設の使用許可を出さないことは、法的にもあってはならないという当然の主張を、最終的に施設側に認めさせたことは、今後、他の地域でも公共施設で開催する際のよい前例にはなったと思う。

3　中止事件について

会場が決まらない間に、展示作品の交渉、市民活動のアーカイブ展示作品作り、チラシ作り、展示費用捻出のためにクラウドファンディングの用意、運営ボランティアの募集など必要なことを整えながら準備を進めた。

会場決定後は、指定管理者である名古屋市文化振興事業団の宮田健主幹と名古屋市民ギャラリーの宮田健秀館長、愛知県警と中警察、ビル管理者との4者での会議を行ない、その中で、8階ロビーおよび1階や地下の共有部分の使用とその際の「整理人員」の配置やコロナ対策など直前までいろいろと細かな打ち合わせを重ねていった。

7月5日、作品を搬入し、展示の準備が整った。翌6日からの展示に向けて最終確認をして開催に備えた。

全館封鎖・施設退去

初日から2日間は、多少の混乱はあったものの、延べ800人以上が会場に訪れ、大過なく作品を観ていただくことができた。3日目（7月8日）の朝も、私たちスタッフは8時頃に会場に到着し、10時からの開場の準備をはじめた。9時半頃には地下1階の整理券配布受付場所から移動し、8階の展示場の控室に20人ほどの人が待機していたところ、9時40分ごろに突然、施設職員から「全館封鎖、一次退去」の指示が出た。何が起こっているのかわからないまま待機していた鑑賞希望者と8階スタッフ、地下の受付スタッフと鑑賞希望者も含め建物外に退去した。ところが、全館封鎖にもかかわらず、ビル内にある区役所もコロナワクチン接種のための保健所も郵便局も通常どおり業務を続けていたのである。

平穏に開催された展示会場の様子。

施設退去後の対応

敷地外に出た私たちは、事情説明を市民ギャラリー栄側に問いただしたが、「警察から何の説明もない」と繰り返すばかりで、1階の施設内に入ろうとすると執拗に施設外に出るように要求された。ところが、10時50分には、朝日新聞のウェブ版で「表現の不自由展会場に爆竹？　入り郵便物　破裂し避難騒ぎ」の見出しで、「来場者が避難し、ギャラリーの職員が郵便物を警察官立ち会いのもとで開けようとしたところ、爆竹のようなものが破裂した」という記事が掲載され、マスコミ報道で初めて事件の一端を知ることになった。

11時50分、私たちは、①緊急退避の一時避難でありこのまま中止は認められない、②施設管理者から警察に対し必要な安全確保を要請する、③施設管理者が安全確保ができたと判断した場合速やかに再開する、ということをあらめて申し入れ、状況を逐次連絡するよう要請した。12時30分には、施設側から追加の情報はないということで、午後の開催を断念せざるをえなかった。この状況を周知するために弁護士、つなげる会メンバーで急きょ記者会見を行ない、その後も施設からの説明を待った。

「壁を越えて ── 市民運動の記録」の展示。スタンディングの際のプラカードが並んでいる。

全館休館施設利用停止の通知と施設側との協議

午後3時頃、名古屋市文化振興事業団の宮田主幹から電話で「市民ギャラリー栄の11日までの全館休館と施設利用の停止」と連絡があった。私たちは、一方的な電話での休館・利用停止の通知は容認できないと、急きょ7階の事務所まで行き、ことの経過の説明を求めた。

協議には、弁護士とつなげる会メンバーと名古屋市文化振興事業団の宮田主幹が参加し、場所は「破裂事件」があった同じフロアの展示室内で始まった。ここで初めて、宮田主幹から「不審な郵便物を発見したため警察の判断で退避要請を決定した」、「ギャラリー栄の安全管理が担保されていないため、市民ギャラリー条例施行細則第3条第2項に基づいて休館措置を決定し、市民ギャラリー条例の第7条第5項によって施設利用停止を市長が判断した。期間は7月8日から11日まで」という説明を受けた。この話し合いの中で、今時点で、予測できる具体的な危険性はあるかという問いに対して、宮田主幹ははっきり「今現在予測できる危険性はない」と明言をしている。名古屋市が言う安全管理がされていない場所での協議で、なおかつ「差し迫った危険はない」ということなのに、事実上の中止決定は到底認められるものではなく、私たちは休館と利用停止決定までの事実関係と再開のための協議を要請した。

休館と利用停止を受けて抗議の街頭宣伝。
2021年7月9日。筆者撮影。

名古屋市文化振興室との協議

翌7月9日、名古屋市文化振興室に対して、一方的な休館と利用停止に抗議し、再開に向けての協議の場を設けるよう、要請書提出行動を行なった。午前10時からの市役所前街宣には50人を超す市民が集まって声をあげた。その後の申し入れは市役所前の公開の場で行なった。

この話し合いの場で文化振興室の興梠氏からは、「展示会の開会前に指定管理者と主催者の打ち合わせの中で事前の行程として施設の安全管理がおびやかされるそのような状況があった場合には展示の一時中断などの対応をすることがありうるというようなことを指定管理者から説明をしていること」、「開催までに、名古屋市に対して意見や抗議はあったが脅迫や業務妨害の予告であるとか違法行為はなかった。（警察と）事案が発生をしてから一時停止から臨時休館にいたるまで繰り返し協議をしていた」こと、「事案（郵便物の破裂）を受けて、施設全体の安全管理を確保する以外に安全確保はできない。安全対策をしたうえで継続方法までは至っていないし、11日までが安全確保上必要と判断した」との発言があった。

市役所玄関前で文化振興室に対して要請行動。2021年7月9日。谷口亙撮影。

しかし、具体的にどのような状況で郵便物が開封され破裂したのか、被害の程度やその後の安全確保の状況など具体的な点については、警察から「事案について捜査中のことなので状況について回答をする。名古屋市からの回答は控えてほしい」という要請があり、名古屋市としても回答を控えるという判断をした、と応えている。

私たちは、展示会開催までは、名古屋市文化振興室や文化振興事業団に対して、犯罪にあたる脅迫や業務妨害の事案はなかったこと、郵便物の破裂事件の詳細と、その後の安全確保の状況は十分な説明がなく、憲法が認める「表現の自由を制限するほどの差し迫った危険があったと」判

全館休館・利用停止を受けて、弁護士とともに記者会見。2021年７月９日。谷口亙撮影。

断することはできないとして、展示会の再開に向けた協議の場を持つように回答期限を決め要請した。

その後、興梠氏より「協議に応じる」旨の連絡があり、市役所内で協議の場を持った。この場には徳永智明文化振興室長とつなげる会の事務局２名と弁護士が参加した。この協議は一方的に人数制限と時間制限を行ない、かつ参加者にも「書記」の名目で発言をさせないという理不尽なものであった。

徳永文化振興室長は、全館休館と使用停止に至る経緯について、「『不審な郵便物』というところまでしか警察からは聞いていない」、「現在に至るまで警察からは公式発表はない」、「報道以上の情報は知らない」、「警察が捜査中で名古屋市としては状況がいまいち把握できていない」、「昨日の事案の危険性の評価がで

きていないのが実情」、「状況把握、危険性の評価ができていない中で、何をすればよいかわからない」と驚くべき発言があった。さらに、機動隊の24時間の警備が始まっている状況で、危険回避のためにどんな対策を立てればいいのか判断ができない。

つまり、警察から正確な情報が提供されない状況で「不信な郵便物」が「破裂した」という事実をもって、今後何が起きるか予測がつかなく安全確保がされないので休館と使用停止の措置を取ったということだ。私たちは、漫然と事態を待つのではなく、警察に対してどのような状態になれば安全確保がされるのか、具体的に問合せ、再開のための準備を進めるべきと再度要請し、翌日の時間を指定して進行状況を報告するよう要請した。

中警察に「抗議と要請書」の提出

私たちは、5月に記者会見を開き、展示会の公表を行ったが、6月29日、つなげる会のメールに「名古屋市で開催される『表現の不自由展』を中止せよ。（中略）中止しなかった場合は強行手段に入る。市民より」という脅迫メールが届いた。これに対して、私たちは展示を妨害する目的であると判断し、中警察に被害届を出したが、中警察は被害届を受理せず放置した。このことも含め翌、7月10日には、中警察所に「抗議と要請書」を提出した。7月8日の「不審な郵便物」を警察官立ち合いの元で施設の職員に、施設内で漫然とあけさせたこと、事件発生後、名古屋市文化振興室に対して正確な情報提供を行っていないこと、当事者であるつなげる会に対して情報提供が一切ないこと、郵便物破裂事件の速やかな捜査を行い、犯人を検挙すること、展覧会の再開を目的に関係機関と協議し、再開の実現に向けて、警備の強化を含めて全力で努力することを申し入れた。

名古屋市文化振興室の言い分は、警察から事件についても正確な情報がない、安全確保のための情報もなく、市としてどのように対応をしていいのかわからないということであったが、破裂事件の捜査とは別に、施設の安全管理について当事者の文化振興室は積極的に警察から情報を得るべきだし、警察も再開に向けて警備について対応するべきというのが私たちの要請だ。当日は土曜日ということもあって、対応に出たのは当直の担当者だったが、私たちの要請からほどなくして、中警察から「名古屋市が再開をするというのであれば、警察は協議に参加する」という連絡があった。

協議申し入れるも3時間半待たされ、再び交渉

この電話を受けて、午後3時頃、私たちはすぐに市民ギャラリー栄に行き、文化振興事業団の宮田主幹に警察からの内容を伝え、文化振興室に連絡を取り、早急に協議の場を設けるように要請した。文化振興室に対しても直接このことを伝え、速やかに協議の場を設けるよう要請した。ところが、責任者の伊藤部長が電話中、ビル管理者と連絡がつかないなどさまざまな理由をつけて、3時間半も待たされた。現場は、「破裂事件」があって安全確保ができていない、市民ギャ

ラリー栄のロビーであった。3時間半の待ち時間の間に、前日の8日同様、作品保全のため8階の展示室にも入っている。

6時半過ぎ、ようやく文化振興室の徳永室長が到着して、協議が始まった。当初、前日と同じように人数・時間制限の要請があったが、当然ながらそのような不当な要請は断った。

徳永室長からは、「実力行使があったこと、24時間警備態勢を取られていて現時点ではその警備体制は継続されていること、警備を解くための変化要因がないこと」をあげて、再開に向けての協議をするとは明言しなかった。しかし、なぜ警察の警戒レベルが高いままになっているのかということからの質問には明確に答えられず、事件の捜査が続いている、警察から情報がないことを理由にあげた。私たちは、事件は過去に起きたもので、現在の状況で安全確保がされているかどうかは別の問題である。休館措置を継続するのは、今後犯罪の発生のおそれの問題で、休館になって脅迫など差し迫った危険がないなら、速やかに警備の要請をして、主催者も交えた協議の場を早急に設けるべきと訴えた。最後は、私たちの言い分、気持ちは重く受け止めるが、組織で動いている、協議をして「明日（11日）朝に連絡する」という返答で交渉を終えた。

11日の最終日、半日でも再開したいという想いで交渉を続けた。明確な回答はなかったものの、淡い期待をもって翌日の準備を始めた。

再開できず

最終日の11日には、朝8時半につなげる会事務局は弁護士事務所に集合した。午後からの開催に備えて、11時には数人のボランティアの方にも集合してもらい、文化振興室からの返事を待った。9時、徳永室長より10時から市の中で対応を協議する旨連絡が入った。回答期限のデッドラインを11時半と通告して、つなげる会のメンバーと弁護士の数人が市役所の文化振興室前で待機した。11時半に、徳永室長より名古屋市として休館は解除しない旨の「本市の考え方」という文章を電話で一方的に読み上げられ、12時前にはファックスで文章が届けられた。3日目に郵便物破裂事案が発生し、最高裁の判例で示された「公共の安全が損なわれる明らかな差し迫った危機が発生」、「事案が解決していなく、警察が最上級の警備態勢を敷いていることは、最高裁判例が示す事情があると認識している」、「市としても警察としてもこれ以上の警備強化は困難」など理由を示している。午後、私たちは、抗議の街頭宣伝を行ない、抗議声明（巻末資料204頁）を出した。

4　名古屋市の対応は暴力に屈し、表現の自由を手放した

以上経過を見てきたように、7月8日朝の全館封鎖と退避命令から、つなげる会は期間内の再開を目指して、名古屋市文化振興事業団、文化振興室、警察と再開のための協議を求め続けてきたが、結局、名古屋市は卑劣な暴力に屈し、憲法21条で定められている「表現の自由」を放棄し

た。公共施設が「表現の自由」を保証することは市民の「表現の自由」を保証することであり、行政の責務としてそれは守らなければならないものだ。

今回、名古屋市は、「不審な郵便物」の「破裂」という実行行為があり、安全性が担保されないと主張しているが、宮田館長は市民ギャラリー栄に届いた郵便物が不審なものであると警察に相談している。にもかかわらず、漫然と何の警戒もなく施設内で職員（館長）に開封させるというのは警察の怠慢・失態以外何ものでもない。

また、「破裂事件」があった当日から、安全性が確保されていない市民ギャラリー栄の展示室内で私たちは、名古屋市と協議を重ねている。どこが危険なのか。

言うまでもなく、施設利用に関する制限は、1995年の泉佐野市市民会館事件や、1996年の上尾市福祉会館事件の最高裁判決で「警察の警備をもってしても生命、身体に対する差し迫った明らかな危険がない場合、施設利用を禁ずることは憲法違反である」と判断している。

今回、名古屋市は休館後、警察に対して再開に向けて警備の依頼を主体的には一切していない。つまり、はじめから休館期間を11日までと決め、再開の意思はなかったと言わざるを得ない。

大阪での「表現の不自由展かんさい」は、大阪府が「施設利用承認の取り消し」を行ない、実行委員会は「処分の取り消し」を求めて大阪地裁に仮処分の申請をしたが、大阪地裁は7月9日、愛知での事件が起こったにもかかわらず、「警察の適切な警備等によってもなお混乱を防止することができないなど特別な事情があるとは言えない」と使用を認める決定をし、その後の大阪府の即時抗告による高裁での抗告棄却、さらに大阪府の最高裁への特別抗告に対しても最高裁は棄却の判断をしている。名古屋での「破裂事件」があったにもかかわらず、高裁、最高裁と棄却の判断をした意義は大きい。この判決に照らしても、名古屋市が「実力行使」がありその捜査が継続中という理由で、施設の安全性が確保されていないと主張することは法的にも誤っている。

5　許されない河村名古屋市長の対応

河村市長は、7月8日、午後3時に記者会見を開き休館と施設利用の停止を発表した。この中で「市民の安全を守るのが市長の絶対的な義務」と言い、休館と利用停止を正当化している。主催者（つなげる会）が再開を希望した場合どうかという記者の質問に、警察が捜査をしているので、期間中の再開はないことを暗に示唆している。

そもそも、河村市長は、2019年のあいちトリエンナーレで《平和の少女像》について「日本人の心を踏みにじる」と発言し《平和の少女像》や《遠近を抱えて》の撤去を要求し、その後も名古屋市の分担金の不払い（係争中）や、河村個人としても名古屋市としてもドイツのミッテ区の平和の少女像撤去要請を行なうなど、歴史修正主義者だ。

河村市長は、分担金不払いの裁判の中で、不自由展で展示された大浦信行さんの《遠近を抱えて》《遠近を抱えてpart II》について「『ハラスメント』とも言うべき政治的に偏った作品、日本国民一般の社会常識的な理解として、『日本の象徴』に対する激しい憎念に満ちた攻撃・暴力・破壊をモチーフとし，人間の尊厳をも冒《おか》す内容の作品」と作品を歪曲して評価している。

日本軍「慰安婦」問題についても、「朝日新聞の『誤報』によって旧日本軍により，慰安婦が『強制連行された』などという，歴史的な事実・根拠に基づかない報道が，全世界に向け，大々的に，何度もくりかえし発信されたために，あたかも，慰安婦の『強制連行』が歴史的事実であるかのごとくに誤解され，日本国民，及び韓国国民のみならず，全世界にわたって多くの人々に信じ込まれてしまいました。そして，いわゆる従軍慰安婦像は，特に韓国の方々は旧日本軍による戦争被害の象徴的存在として，反日感情をかき立てる目的で造形」とまで言う、根っからの歴史修正主義である。

河村市長は今回の展示は、公金を使っていないから会場を貸したと言っているが、作品に対する評価が変わるはずもない。河村市長にとって、このような展示会が再び名古屋で開催されるということは許しがたいことであったに違いない。

大阪の吉村知事が「不自由展かんさい」の展示について、いたずらに危険性を煽り、展示の中止に策を弄したのは、2018年のサンフランシスコ市に建立された《平和の少女像》に対して、「不確かで一方的な主張を歴史的事実として記した」碑文だと非難し、姉妹都市提携を解消していることからわかるように、河村市長と同じ歴史観を持っているからにほかならない。

6　「私たちの表現の不自由展・その後」は再開しなければならない

私たちの「表現の不自由展・その後」展示会開催までに、実に多くの方の協力と努力により実現できた。何より、開催された2日間はほぼ満員の延べ800人もの方が会場に足を運んでくだった。1991年、金学順《キムハクスン》さんが自ら「慰安婦」被害者として名乗り出てから30年の歳月がたつが、日本社会はより一層歴史修正主義が広がっている感がある。だからこそ、私たちは、暴力に屈することなく、表現の自由を守り、歴史の事実を記憶し、継承していくことが何より重要だと考える。

一人ひとりの人権が守られ、民主主義が健全に機能する社会の実現のためにも、失われた4日間の回復を目指していきたい。

第6章

かんさい展やり遂げてなお、いつかくるその日のために

おかだ　だい

2021年7月16日から18日まで、大阪のエル・おおさかにおいて表現の不自由展かんさい（以下、かんさい展）を開催した。企画に参画した当事者のひとりとして、現場で身を持って感じたことを書きたい。

私はふだん、日本軍「慰安婦」問題の解決を求めて活動をしている。だから《平和の少女像》や安世鴻《アンセホン》さんの写真作品などがさまざまなバッシングに遭ってきたという現実に一石を投じたいという気持ちが強い。これらの作品を忌避するということは日本軍「慰安婦」被害者の存在を忌避するということであり、私にしてみれば許しがたいことだからだ。

日本軍「慰安婦」被害者たちがほとんど亡くなっている現状にあって、彼女たちを記憶することすら許さない日本社会のあり方に今こそ抵抗しないと、彼女たちが生きて訴えた事実すらなかったことになってしまうのではないか。そのことに私は強い危機感を覚えている。

同時に、2年前にあいちトリエンナーレに行ったにもかかわらず、抽選に漏れて「表現の不自由展・その後」を鑑賞できなかったという悔しい思いもある。特に、《平和の少女像》と並んで批判の対象にさらされている大浦信行さんの《遠近を抱えてPartⅡ》、いわゆる昭和天皇の肖像を用いたご自身の作品を燃やす映像作品は未見であり、一度は観てみたいという思いが強くあった。芸術は観ているだけで愉しいときもあれば、思慮深くなる時もある。観るなと言われれば、観てみたくなる。

自由な環境で作品たちに出会い直したい。そんな単純な思いが、企画実現への原動力となった。

1　表現の不自由展かんさいの会場使用をめぐる裁判闘争

かんさい展が動き出したのと前後して、東京・名古屋に加え各地の実行委員会が立ち上がり、東京の実行委員の岡本有佳さんを要として連携した。新しい人の新しい活動は楽しくもスリリングな感覚だったが、企画の趣旨からして順風満帆にはいかないだろうとは覚悟していた。右翼の妨害はあるだろうと当然想定していた。けれど、まさか裁判闘争をすることになろうとは、まったくの想定外だった。

突然の利用承認取消処分

私たちがかんさい展の会場となるエル・おおさかに施設利用を申し込み、承認を得たのは3月6日である。私たちは右翼の妨害は当初より想定していたために、申し込みしたその日から警備上の打ち合わせをしたいと申し入れしていたが、その後エル・おおさかは緊急事態宣言のために会場閉鎖となり、エル・おおさか側との打ち合わせが実現したのは6月4日。その後6月15日にはかんさい展の広報を開始した。

そして10日後の6月25日、私たちは突然エル・おおさかから利用承認取消処分を受けたのだった。夕刻、すぐさまエル・おおさかに飛んで行って事情を訊いた。

その理由は、約70件の抗議電話とメール、そして3件の抗議街宣のために、大阪府立労働センター条例第4条第6号に規定する「センターの管理上支障があると認められるとき」に該当するというものだった。ふだんのエル・おおさかを知る私たちにとってはとても信じられない理由だ。エル・おおさかは正式名称を大阪府立労働センターといい、労働組合のみならず市民運動団体が常々使用している会館だ。反天皇制の集会が開催されたときには黒塗りの街宣車が大挙して大音量で街宣をかけてくる。それでも安心して集会を開催できるのが、市民にとってのエル・おおさかだ。大阪府の施設ではあるが、現在は指定管理者に運営を任されている。

そして3月6日に私たちが安全対策をめぐって打ち合わせをしたときも、私たちは安全対策をめぐってエル・おおさかと協議を重ねていたが、エル・おおさか側の積極的とまでは言えないにせよ消極的な姿勢は垣間見えなかった。抗議街宣が行なわれた日の夕方も心配になってエル・おおさかに電話を入れたが、職員の反応は極めて日常的なものだったし、もちろんその抗議もあいトリで見られたような「ガソリンをまく」などの脅迫はなく、警察を呼ばなければならないほどの事件もなかった。にもかかわらずの利用承認取消処分だったのである。

大阪地裁に提訴、執行停止の申し立て

私たちは裁判に訴え出ることに迷わなかった。大阪地裁に提訴したのは、処分を知ってからたった5日後の6月30日。安全上の問題から当初より弁護士と相談を重ねていたので、それがそ

のまま弁護団に移行し、短期間で弁護士の方々にはさまざまな論点整理をしていただいた。

通常、裁判には時間がかかるが、不自由展の会期は7月16日〜18日。会期に間に合わせるよう裁判所に決定を出してもらわなければ、訴えに意味がない。そこで私たちは「本訴」と併せて「執行停止の申し立て」も行なった。緊急を要するから、きちんとした是非は「本訴」で争うにしても、とりあえず会期までに会場の利用を認める仮の判断をしてほしいという趣旨だ。

提訴までスピーディーだったが、裁判所もスピーディーだった。大阪地裁から施設の利用を認める執行停止を受けたのは、10日後の7月9日。地裁は「憲法で保障された表現の自由の一環として開催が保障されるべきものだ」と指摘しており、100％私たちの主張を認める内容だった。当然の判決だ。たった70件の抗議でエル・おおさかの利用ができないのであれば、政府や権力に批判的な集会等は、今後、エル・おおさかをはじめとする公共の施設では一切できないということになってしまう。それは民主主義の死と言ってもいい。「絶望の裁判所」の昨今だが、今回はさすがに司法は生きていた。

執行停止を現実に活かす

大阪地裁の決定を受けて、私たちはすぐにエル・おおさかへ開催実現に向けての協議を申し入れた。エル・おおさかが即時抗告をするというのはニュース報道から知っていたが、1週間後には不自由展開催を控えている。そして警備上の問題など、開催に向けて話し合わなければならないことは山とある。猶予はないのだ。当然エル・おおさかが即時抗告しようと、地裁の決定は生きている。ところが9日に電話で申し入れをした時点では、エル・おおさかは係争中を理由に協議を拒否した。

そこで弁護士に相談し、土日を挟んだ12日にはエル・おおさか側の弁護士に協議に応じるよう申し入れをしてもらった。これが功を奏したのか、13日には無事に協議を実現することができた。代理人弁護士いわく、「判決は紙切れにすぎない、それを実現させるアクションが大切なのだ」と。

会期前日（作品搬入日）の7月15日には大阪高裁が地裁の決定を支持し、会期初日の16日には最高裁が施設側の特別抗告を退け、施設の利用を認める命令が確定した。18日に無事イベントが終了したため、私たちは本訴を取り下げ、裁判闘争は終了することになった。私の人生においてこれまでほぼ体験することのなかった「完勝」である。

2　市民との連帯

私たちはこの裁判闘争によって、表現の不自由展かんさいを支持する大きなうねりを実感することとなった。

エル・おおさかは、大阪での労働運動、社会運動の拠点であるため、表現の不自由展への攻撃が、多くの市民や社会活動家に自分自身の問題として捉えられた。私の周囲にも自発的にエル・おおさかや大阪府に抗議した人がたくさんいた。このような声を集約しようと、私たちはネット署名を呼びかけたところ、瞬く間に７０００筆の署名が集まった。

また、裁判費用を心配して連絡をくれた友人もいた。実際なんの財政的基盤のないところからスタートした実行委員会での裁判費用は大きな負担だったので、クラウドファンディングを呼びかけることにした。これについてもすぐに目標額を達成できた。これらのことは、うねりなど体験したことのない私にとっては、大きな驚きだった。

不自由展を守るため路上に立つ市民たち。かわすみかずみ撮影

市民の連帯で守った

そして最大の市民の連帯は路上にあった。

妨害者をどのように排除するかということを、実行委員会では相当注意深く検討した。妨害者は会場に入れない、それがかんさい展の基本方針だった。そのために大阪での反ヘイトスピーチの運動の蓄積が大きな力となった。ヘイトスピーチに対抗するための、いわゆるカウンターの人たちに当初よ

り実行委員会に入ってもらい、警備計画に参画してもらった。

どのような人物がヘイトスピーチを行なっていて、私たちの不自由展の邪魔しに来るのか。その顔まで知っているのは、日常的にレイシストに対峙しているカウンターの人たちだけだ。もちろん実行委員メンバーも平素からカウンターの人たちと親交があったし、私自身もカウンターとして路上に立ったこともある。それなりの信頼関係があった上での、警備体制の構築だった。そしてカウンターの人たちが会場前にできた当日整理券を求める行列に目を光らせ、レイシストを排除した。妨害者と疑われる人に対しても、整理券を受け取るまでに根気よく話をして妨害目的ではないということを約束させ、必要であれば会場の中にまでついて回った。

その結果、会場から退去させた妨害者は3人だけ。会場内での大きな騒ぎはほぼなく、静謐な環境を保つことができたと言っていいだろう。

警備を担ったのはカウンターの方たちだけではない。関西の戦闘的な労働組合の組合員もシフトを組んで警備に当たり、妨害者を排除してくれた。またエル・おおさか前の路上には、私たちの呼びかけに応じた多くの市民がプラカードをもってスタンディングしてくれた。これだけたくさんの人々の協力があって、平穏な鑑賞条件が成立しえたということが言えるだろう。

展覧会を守るために路上で行なわれたこと

けれども、その会場内の静謐は、喧騒を路上で食い止めることによって生まれた静謐ということを忘れてはならない。

路上には常時、在日特権を許さない市民の会（在特会）などのレイシストが街宣を行なっていたし、黒塗りの街宣車がおびただしい爆音を垂れ流して通行の邪魔をしていた。路上に街宣車を止め突入を試みるという茶番劇もあった。5分、10分路上にいるだけで、精神的に耐え難くなるほどの差別街宣。その場に居続けることが苦痛であり、道に向かい側にいるレイシストに対して「差別者は帰れ」の一言も叫ぶこともせず耐え忍ぶことは、拷問以外の何物でもない。私は警察とも打ち合わせをする立場だったから、「相手の挑発に乗るな」と警察から再三要請を受けたし、「騒ぎになったら企画そのものがダメになるぞ」とマジ切れもされた。「挑発するなというなら彼らのヘイトスピーチをやめさせろ」というのがまずは原則、けれども、路上で騒ぎになって不自由展そのものが中止に追い込まれるという可能性も排除できない。そんな状況下にあっても冷静に対処し、奴らの挑発に対しても「控えめ」な抗議で応じてくださったみなさんには本当に敬意を覚えるし、3日間の企画が終わってもなお、路上でヘイトスピーチを垂れ流したレイシストには深い憤りを抱いている。

3　吉村大阪府知事の主体的関与と、「爆竹」事件

エル・おおさかが「利用承認取消」という処分をせざるを得なかった背後に吉村洋文大阪府知

事がいたことが、情報公開請求によりすでに明らかとなっている。吉村知事は担当部局から、6月7日、16日、23日の3度にわたってレクチャーを受けている。6月7日は実行委がエル・おおさかと初めて協議を行った3日後、16日は実行委が広報を開始した開始した翌日、そして23日はエル・おおさかが施設利用承認を取り消す前々日である。

6月7日の時点で、吉村知事は「今回は、行政が主催になって公金を投入して自ら実施するものではないので、中身自体に踏み込むつもりはない」が、「保育所があるようなこの施設で、こういったことが行われて本当に大丈夫なのか」「取消事由に該当するのではないか」と述べ、後の取消処分への基本的なレールを引いた。16日には「指定管理者は取り消しすべき」、23日には「指定管理者の（取消処分という）対応方針を支持する」と述べ、事実上ここで取消処分が決定されている。

もちろん、形式的にはエル・おおさか側がお伺いを立て、知事がそれを承認するので、知事の主体的関与の「証拠」と主張することは難しいかもしれない。そもそも知事レクの文書そのものが、情報公開請求に堪えられるようなものとして残されているということも前提だろう。しかし私たちにとって、知事の主体的関与は疑いようがない。

7日のレクで申込者が展示会を公表したら報告をするよう指示し、23日のレクで「苦情や抗議活動は始まっているのか？」と担当者に問うているところから、吉村知事は苦情や抗議活動を待ち望んでいたかのようにさえ読める。

地裁判決を受けてエル・おおさかが即時抗告をした時にも、私は吉村知事の存在を感じずにはおれなかった。常識的に判断すれば9日の地裁の決定に対して即時抗告したところで、16日からの開催を止められるわけがない。けれどその無意味なことをした。そういう判断をするのは吉村知事をおいてほかにはないと、私は確信している。

エル・おおさか側の警備体制

ここでエル・おおさか側の警備体制についてお話ししよう。

地裁の決定が出たのが7月9日。13日に私たち実行委はエル・おおさか側と弁護士も交えて、開催に向けての話し合いを持ったということは先述したとおりである。

その場で私たち実行委員会はエル・おおさか側から、開催に向けて何点かの申し入れを受けた。その内容はコロナ感染防止対策など、すでにこちらでも対応していたものが多かったのだが、驚いたのは、実行委員会が金属探知機を購入し来場者の身体検査をしてほしいという要請だ。もちろん作家から貴重な美術作品を借り受ける以上、安全対策を徹底したいという思いはあるが、実行委の力量でそれを行なうのは無理がある。そのときには「施設管理者であるエル・おおさかと共同でやるというのなら」という返答をしたが、結局その場は物別れに終わった。

もう一つ、この時のエル側からの申し入れ事項として、不測の事態には施設管理責任者の判断で会場を閉鎖することがありえるから了解してほしいというのもあった。後述する、名古屋の

「爆竹」事件を意識していることは明らかだった。名古屋では会場閉鎖について実行委に対してまともな説明がされていないことを知っていた私たちは、不測の事態にあっても情報の共有と説明・相談をしてほしいと、エル・おおさかに申し入れた。

これには後日譚がある。名古屋の実行員も金属探知機を打診され、断った経緯があるのだそうだ。会場の閉鎖云々も事前に申し入れられていたのだとか。そしてエル・おおさかの職員が名古屋の市民ギャラリー栄に訪問し、情報を共有していたのだそうだ。おそらくは地裁の決定が出た翌月曜日の13日のことと思われる。不確定情報だが、東京の会場だった神楽坂セッションハウスに連絡があったという情報もある。言われてみればたしかに、エル・おおさかも大阪府も情報収集するだろう。吉村知事に怒られたくはないだろうから。「敵」は繋がっているのだ。ならば私たちもつながらなければ、というのは今回の教訓の一つだ。

エル・おおさかから「エル・おおさかとして金属探知機を用いた身体検査をする」と聞いたのは、開催前日の7月15日夕刻だった。そのほかにも、地下駐車場の閉鎖や複数ある出入り口を封鎖し1か所に絞ること、9階にある会場に行けるエレベータを3つあるうちの1つに限定することなどの説明を受けた。直感として「本気の警備だな」と思った。

裁判闘争と市民の監視の目が促した大阪府警の「真剣」な警備

翌16日の初日、大阪府職員が大量に動員されていることを知る。

13日の段階では、施設管理者としてのエル・おおさかの態度も決まっておらず、その後、大阪府、大阪府警とも打ち合わせし、14日か15日には安全に対する最大限の計画が練られたものと推測される。大阪府職員の動員だけでなく、大阪府警も100人規模の動員がされていた。そういう「真剣」な姿勢を引き出せたのもまた、裁判の効力だと思っている。

実行委員会の携帯電話を持っていた私のところに、会期中にレイシストから「会って話がしたい」「なぜ私たちを排除しようとするのか」といった電話を複数回受けた。大阪府警から「主催者と面会する約束があると言われているのだけれど本当か」と確認されたこともあった。レイシストをそこまで封じ込めることに成功したということだろう。バカバカしい話ではあるが、それをバカバカしい話と片づけられたのも、また裁判の効力だと思う。

エル・おおさかと大阪府、そして大阪府警の「真剣」な警備体制が実現したのは、裁判闘争があり、そして注目を集めたゆえの市民の監視の目があったからだ。誰の目にも「開催は正当」と明らかにしたことで、事件を起こさないだけの警備を実現させることができたのだ。

名古屋の経験から実施した郵便物の事前チェック

名古屋展の会場である市民ギャラリー栄に爆発物が送られ、事実上の中止に追い込まれたのは7月8日のこと。当初爆竹という報道もあったが、何が送られたのかは明らかになっていない。名古屋市や警察は主催者に一切情報を共有せず、一方的に会場の閉鎖を決めたのだ。私はこの事件に少なからずショックを覚えた。裁判に勝利することは確信していたけれど、爆竹一つで中止に追い込まれてしまうのであれば、それまでの努力が無駄になってしまう……。

会期2日目の7月17日、「表現の不自由展かんさい」宛にエル・おおさかへ爆竹が送られてきた。消印は尼崎北局、差出人は「令和赤報隊」。9月30日には毎日新聞が「大阪、愛知の両府県警は同一人物が関与した疑いもあるとみて威力業務妨害容疑で捜査」と報道している。

会期中、名古屋の経験も踏まえ、エル・おおさか宛の郵便物はすべて郵便局のX線探知機で調べられていた。不審郵便物は速やかに警察の担当部署に手渡され、爆発物専門の警察官の手によって爆竹が入った封筒を爆発させることなく内容物が確認された。普通に開封すれば爆発する仕組みだったところを、専門家の知識で爆発することもなく、実行委員、エル・おおさか、府警立ち会いのもと内容物が確認された。

さすがにこのときには、エル・おおさか閉鎖による18日の中止も覚悟したけれど、被害者がいなかったということと、やはり、裁判の結果と市民の監視の目があったために、中止という事態は回避できた。なにごとも闘いの成果だ。

4　表現の不自由展かんさいをやりとげて

あらためてかんさい展を3日間平穏無事にやり遂げられた意義を考えてみたい。企画の獲得目標は間違いなく「3日間やり遂げる」ということだった。そういう意味では完勝だ。

右翼からの攻撃ばかりではなく、「政治」からの攻撃も容赦ないもので、想定もしていなかった裁判闘争も闘った。表現の不自由展を企画するということは、望むと望まないとにかかわらず、権力と闘わなければならないのだということに、嫌が応でも気づかされた。

展示を熱心に鑑賞する市民たち。筆者撮影

美術展を観る権利を保障するためには

わたしたちが企画したのは、美術展だ。

美術を鑑賞するためにここまでの抗議や弾圧をはねのけなければならないというのは、やはりどこか「異常」と言わざるを得ない。作品と出会うために、本来必要でないはずの裁判を闘い、路上でレイシストの罵声に耐え忍んで抗議しなければならないというのは、どう考えても「異常」だ。いくら国家権力などから忌避された作品群とはいえ、美術展を企画するためにここまでの覚悟をしなければならないということに、私は深い絶望を覚える。

入場に際しては、当日整理券を配布するという対応を取った。先述したとおり「妨害者を中に入れない」が基本方針だったために、相手の顔を確認しないとチケットを渡せないという前提があったからだ。それは正しかったと思っている。けれどそれしか方法がなかったのだろうかという逡巡はある。当日、遠方から来られたというのに入場を断ったケースがたくさんあった。仕事があったために朝イチから会場に来ることができないため、入場を断念した人もたくさんいた。だから、やむを得なかったのかもしれないけれど、ベストの方法でなかったことだけは確かだ。芸術作品へアクセスしたい人へ公平に接する態度でなかったことは確かだ。

では、どうすれば公平に接することができたのだろう。どうすれば芸術作品にアクセスしたいすべての人へアクセスする権利を保障することができただろう。「そのために必要なのは、差別を許さない社会、正しい歴史認識を身につけた社会」ということは間違いない。ちょっとお題目臭い。けれど、ほかに方法があるのなら誰か教えてほしい。

実際に作品を観て感じたこと

最初に述べたように、私が表現の不自由展に関わった根本の動機は、作品に出会いたい、出会い直したいということだった。最後にその作品たちの若干の感想を述べて、この稿を締めたいと思う。それこそが私がこの企画に関わったすべてだからだ。できればすべての作品に言及したいが、紙幅の都合上、日本軍「慰安婦」問題と天皇制に関係する数点に絞ることをご了解願いたい。

冒頭に触れたように、大浦信行さんの《遠近を抱えてPart II》は、右翼からの攻撃にさらされているだけあって、私の最も関心を引く作品だった。観て最初に思ったことは、多くの人の感想と同じく「煽情的な批判を巻き起こすような作品ではない」ということ。けれど世間で言われているほど難解とは思わなかった。昭和天皇のために流されたおびただしい血、その兵士たちの加害者性は数世代後の「私たち」の中にも脈々と生き続けていて、自分の中に生き続けている天皇制を焼き尽くさねば、私たちもまた「私」を生きることはできないのだと、そんなことを思った。大浦作品が焼いている昭和天皇の肖像とは、自分自身でもあるのだと。

小泉明朗さんの《空気#17》は、私が何度も見返した作品の一つだ。靖国神社に影のように浮かび上がる昭和天皇の姿。いないけれど、確かにいる。大浦作品とも通底するテーマなのだが、天皇制は無意識のうちに私たちの心を縛っている。そして天皇制とはイコール昭和天皇だと、フィリピンで戦死した祖父の孫として思っている。私の祖父も靖国神社に祀られ、祖父もおそらくは母や祖母のためと言いながら、フィリピン人を殺しレイプしただろう。そんな祖父を祀った靖国神社に、昭和天皇も、確かに、いる。そして確実に、祖父や母ばかりでなく、確実に私の心をも縛っている。見えない昭和天皇、見えているけれど見えていない靖国神社、一体それはなんなのだろう。

そして山下菊二の《弾乗りNo.1》。昭和天皇とチャップリン、そして玉ならぬ弾に乗る軍人たち。戦争の愚劣さを描いた作品だが、私はそこに山下菊二の生きた戦場にある理不尽への「憎しみ」を観る。山下菊二はシュールレアリスムの作家であると同時に、戦争体験者であり、加害行為の経験者だ。戦争に加担したことを悔い、自分を、昭和天皇を問い続けた。実は最初にこの絵を観た時に、私は爆笑してしまった。爆笑という態度にふさわしい作品なのかどうかと問われれば自信はないのだけれど、ともかく私は「憎しみ」に爆笑するほかなかったのだ。作品の持つオーラに打ちのめされ、すべてを認めざるを得ないパワーがそこにはあった。

天皇制のことばかり書いてしまったけれど、やはり私の「主戦場」である日本軍「慰安婦」問題のことも書きたい。表現の不自由展が忌避される最大の理由は、天皇制ではなく、日本軍「慰安婦」問題だと思うからだ。

趙延修《チョヨンス》さんの《償わなければならないこと》は未見だったため、とても出会いたかった作品の一つだった。写真で観るのと現物を観るのとではずいぶんイメージが違う。絵の上にうっすらと白濁した絵の具が重ねられていて、それが精液を連想させ、辛い。作者はまだ高校生だったというから、どんな思いでこの白濁を塗り重ねたのだろうか。若い学生の「受けとめたい」というひたむきな意思が痛いほど伝わってくる。そして初めて来日した日本軍「慰安婦」被害者の金学順《キムハクスン》さんが「精液を連想して牛乳も飲めない」と言っていたことを思い出さずにはおれない。あの日、私は大学を卒業したばかりの、センシティブな若者だった。

かんさい展での《平和の少女像》と趙延修、安世鴻作品。筆者撮影

私は、趙さんの絵の向かいに設置された《平和の少女像》の隣の椅子に座り、怨嗟のような《償われなければならないこと》を眺める。左に視線を向けると、安世鴻さんの撮った、苦しそうな表情のハルモニ（おばあさん）の顔写真がある。中国の戦場に連れてこられ、戦争が終わっても放置された。日本軍による性奴隷となった数年間を生き抜いた後も、言葉もわからない国で70年を生き、恨《ハン》を滓のように積み重ねてきた人生を、私は、あなたはどう受け止めればいい？

そして私の隣には、この国からもっとも忌避されている《平和の少女像》がいる。こぶしを固く握り、まっすぐに正面を見据えている。雨の日も風の日も雪降る日にも、毎週水曜日にソウルの日本大使館前に立ち続け、自分自身の苦しい被害と向き合いながら日本政府を訴え続けて最期の人生を生きたあのハルモニたちの存在が、そこにはある。「17歳の私を返してほしい、私の恨《ハン》を解いてほしい」と日本政府を告発した金学順さん、「お金じゃなくて、歴史に残したくないのだ。悪いことをしたと、日本は認めたくないのだ」と喝破した姜徳景《カンドッキョン》さん、「裁判負けても心は負けてないから」と自らの尊厳を闘い取った宋神道《ソンシンド》さんがいる。

なぜ権力は彼女たちを拒絶するのだろう?

「ヒロヒト、ギルティ」……20年前の女性国際戦犯法廷で昭和天皇の有罪が宣告させた時の、全世界の日本軍「慰安婦」被害者たちの歓喜を思い起こす。心の中の昭和天皇の肖像を焼かなければ彼女たちの隣に座れないのだとしたら、喜んで焼きましょう。彼女たちと出会う自由を得るためには、闘わなければならない。これが「表現の不自由展」を実現して学んだこと。自由のために闘わなければならないとは不自由の極みだけれど、それが2021年の日本に住む私たちの現実なのだから。

表現の不自由展を実現するにあたり、「闘争に芸術を利用している」という批判を幾度となく目の当たりにしたけれど、私たちに芸術に出会う自由がないのだから、芸術関係者でもない私たちが立ち上がって、闘うしかない。望んでやった闘いではない。闘争なしに、私たちが一般市民として普通に芸術作品にアクセスできるのであれば、最初から実行委員会を結成しようとさえ思わない。

「芸術くらい自由に観させろ」とは、私たちこそが吉村知事に言いたい。河村名古屋市長にも、もちろん安倍元首相や菅前首相にも。

レイシストを排除する必要さえない環境で、誰もがアクセスできる環境で、「表現の不自由展」というタイトルさえ冠する必要のない自由な環境の中で、《平和の少女像》たちに出会いたかった。

いつかくるその日のために、いま、闘うしかない。

解説　大阪地裁及び大阪高裁の決定について

中谷　雄二

(1) 大阪地裁決定（令和3年7月9日大阪地裁民事2部決定）

大阪での会場使用許可の取消を行った使用許可処分の執行停止申立に対する大阪地裁決定（令和3年7月9日大阪地裁民事2部決定）は、会場について「本件センターは、地方自治法244条にいう公の施設に当たるから、これを設置した大阪府から指定管理者として管理を委ねられた相手方は、正当な理由がない限り、これを拒んではならず（同条2項）、また、その利用について不当な差別的取扱いをしてはならない（同条3項）」とし、地方自治法の規定の趣旨を「地方自治法が、公の施設の利用を広く認めるのは、設置者である地方公共団体等による不当な利用制限が、住民に対する集会の自由や表現の自由の不当な制限につながりかねないからであると解される。したがって、設置者である地方公共団体等が公の施設の利用を拒むことができる正当な理由があるといえる場合は、当該公の施設を利用させることにより、他の基本的人権が侵害されたり、公共の福祉が損なわれたりする危険がある場合に限られるというべきである」と解釈。「会場となるセンターの設置及び管理に関して定めた条例も、地方自治法が公の施設の利用を広く認めた地方自治法244条2項及び3項の趣旨に沿って解釈されることとなる」という判断の枠組みを明らかにし、具体的な使用許可取消の正当な理由があるかどうかについての具体的な検討に及ぶ。

条例の利用承認の取消事由である「本件センターの管理上支障があるとき」とは、地方自治法244条2項及び3項の正当理由を具体化したものと解釈すべきであり、管理者が正当な理由もないのに利用を拒否した時には、憲法の保障する集会の自由、表現の自由の不当な制限につながるおそれがある。そして基本的人権である集会の自由・表現の自由を制限できるのは、公共の安全に対する明白かつ現在の危険のある場合に限られるから、「本件センターの管理上支障があるとき」とは、「本件センターの管理上支障が生ずるとの事態が、承認権者の主観により予測されるだけでなく、客観的な事実に照らして具体的に明らかに予測される場合をいう」として、「本件催物に反対する者による抗議活動等を理由に本件センターの利用を拒み得るのは」、「警察の適切な警備等によってもなお混乱を防止することができないなど特別な事情がある場合に限られるものというべきである」と、泉佐野市民会館事件（最高裁平成7年3月7日判決）や上尾市福祉会館事件（最高裁平成8年3月15日判決）を引用して、いわゆる敵意ある聴衆の法理を採用した。

その上で、相手方（大阪府指定管理者）が2019年のあいちトリエンナーレにおける「表現の不自由展・その後」や今年東京で予定されていた展示会が開催中止に追い込まれたことを挙げて、抗議活動や街宣運動がエスカレートし、開催当日に反対する団体や個人が押しかけ、実行委員会メンバーとの間で衝突、混乱が起こり、器物損壊や暴行事件が発生し、参加者やセンターの利用者、入居者に危険が及ぶことが容易に予想できるなどと生命、身体又は財産が侵害される明らかに差し迫った危険性の発生が具体的に予見できると取消の正当理由を主張したのに対し、2019年の「表現の不自由展・その後」が中止に追い込まれたが、再開され1週間開催されたこと、今年の東京展、「名古屋展の状況をみると、抗議活動等により開催が中止になることもある一方、実際に一部開催されることもあり、本件催物は、上記企画展、東京展及び名古屋展とは開催する場所等の諸条件が異なることもあって、上記企画展、東京展及び名古屋展の開催状況から、直ちに、警察による適切な警備等によっても防止することができないような重大な事態が発生する具体的な危険があるとまではいえない」と判断し、使用取消に正当な理由がないとして執行の停止を命じた。

（2）大阪高裁決定（令和3年7月15日大阪高裁第14民事部決定）

大阪高裁決定は、大阪地裁決定を基本的に認め、使用許可取消処分の執行停止を維持したが、決定理由中で、地裁決定に付加して、次のように述べている。「本件催物の開催が迫り、実際に開催された場合には街頭演説や街宣活動がより激化することが想定されるが、主催者が催物を平穏に行おうとしているのに、その催物の目的や主催者の思想、信条に反対する他のグループ等がこれを実力で阻止し、妨害しようとして紛争を起こすおそれがあることを理由に公の施設の利用を拒むことは憲法21条の趣旨に反すると解されるところ（平成7年判例参照）、街頭演説や街宣活動が激化したとしても、認定事実（4）のとおり、暴騒音規制条例の内容に照らせば、一定の音量を超えた街頭演説や街宣活動等に対しては、警察官や警察署長が暴騒音規制条例所定の命令を発することなどによって、対応することが可能であること、警察により本件催物に対する適切な警備等がされること及び本件実行委員会との協議等を踏まえて本件センターの管理権を有する抗告人による安全確保に向けた対応も想定できることからすれば、これらによって防止または回避することができない重大な危険が生ずることが具体的に予測されるとまではいえない」と、抗告人側の主張を退け、さらに、抗告人が、所轄の警察署が本件催物の開催によって、「これまで経験したことがないような警備が必要になるとの見解を示した」という報告書を裁判所に提出したのに対し、「上記内容を前提としても、警察官から警備ができないとか、警備が困難であるという意思表明がされたとは認められないとの上記判断は左右されない」とまで述べている。

以上、引用した大阪地裁決定及び大阪高裁の決定は、基本的人権である表現の自由の保障の重要性を認識し、その制約のためには単なる管理上の支障程度では足りず、むしろ、地方自治法244条2項及び3項の趣旨を踏まえれば、条例の使用取消事由である「管理上の支障は」地方自治法244条2項及び3項の正当理由に該当する場合を指すものと限定解釈したものである。

これは、憲法の趣旨とそれを法律上明らかにした地方自治法の趣旨を正しく捉えた決定であり、高く評価すべきである。大阪高裁の示した上記基準によれば、警察が警備できないとか警備が困難だとでも言わない限りは、差し迫った危険の存在は認められないことになる。表現の自由制限の重大性を踏まえた正しい決定である。

(3) **最高裁決定**（令和3年7月1日最高裁第3小法廷）

特別抗告を棄却した。

巻末資料

愛知県知事解職請求に係る不正署名についての法律家要請書

愛知県警察本部長殿

明治憲法とは異なり、日本国憲法では「基本的人権の保障」「国民主権」「平和主義」という基本原理の実現に必要不可欠なものとして「地方自治」が保障されている。そして「地方自治」の基本原則である「地方自治の本旨」(憲法92条)には「団体自治」と「住民自治」が含まれている。この「住民自治」を実現するための一制度として、首長の解職請求が地方自治法上、明記されている(同法81条等)。

市民のための行政を行わない首長を地域住民が直接、解職できる制度は、民主主義的理念に支えられた「住民自治」を実践する制度として、その意義は高く評価されてよい。

ところが今回、愛知県大村知事の解職請求を求める署名に関して、提出された署名43万5000筆のうち、約8割にあたる36万2000人分の署名を有効と認められないと愛知県選挙管理委員会が発表した。「前代未聞」と言わざるを得ない。

しかも本件不正署名ではアルバイトなどを募集して署名させるなど、組織的・計画的犯行の疑いすら生じている。

本件不正署名を組織的・計画的に遂行した行為は、人類の多年にわたる政治闘争の末に勝ち取られてきた「民主主義」「地方自治」を侮辱する悪質な行為、「民主主義」「地方自治」への挑戦行為と言わざるを得ない。こうした悪質な違法行為を法に従って処罰しないのであれば、再び同様の違法かつ悪質極まりない行為が再現される危険性がある。

そこで私たちは法の専門家として、今回の不正署名を組織的・計画的に実施した行為に対し、法に基づき適切かつ断固たる処置をとることを愛知県警に強く要請する。

2020年2月22日
飯島滋明（名古屋学院大学教授）
大脇雅子（弁護士）
中谷雄二（弁護士）
本　秀紀（名古屋大学教授）

河村たかし氏に対する公開質問状

「本公開質問に対する回答については、次回愛知県知事選挙での参考資料として、すべからく愛知県民の方々に知っていただく必要があるものと考えますので、書面での回答を強く求めます」。この文章は、河村さん自身が2020年11月16日付で大村愛知県知事に提出した公開質問状の一部です。かつて大村知事にこうした要請をした以上、ご自身で手本を見せてください。河村さんにはこの公開質問状に対して、文書による丁寧な回答をお願いします。

（1）2020年11月16日付の大村知事に対する公開質問状で、あなたは「約43万名もの愛知県民から貴職〔大村氏〕が『ノー』を突きつけられたことは、貴職にとっては重大な汚名であり、貴職の方こそが『悲しい、哀れな人だな』と思うが、貴職が今回のリコール運動を真摯に受け止めているのか否かを念のため確認しておきたい」等と大村知事に述べました。しかし署名数の8割が不正な犯罪行為によることが明らかになった現在、不正の数字を挙げて大村知事を批判した点、そして市民に誤った認識を植え付けた点について、自分の責任をどうお考えでしょうか。そもそも提出前にきちんと確認もしなかった責任をどうお考えでしょうか。政治は結果責任である以上、「不正が行われていたことは知らなかった」では言い訳になりません。河村さんの誠実な回答を求めます。

（2）不正署名のアルバイトをした人は、そのことで罪に問われるのではないかと怯えている様子が新聞などで紹介されています（『佐賀新聞』2021年2月21日付）。河村さんのTwitterをみても一目瞭然ですし、何より多くの愛知県民が目撃していますが、河村さんは大村知事に対するリコール署名に積極的に関わりました。いまも残る「お辞め下さい大村秀章愛知県知事　愛知100万人リコールの会」のHPには事務所の写真が掲載されていますが、そこでは高須氏と河村氏の写真が掲載されています（下記写真参照）。「中心人物ではない」などと発言することで責任を回避する河村さんの姿勢はネットなどでも大炎上していますが、「罪に問われるかもしれない」と怯える市民を生み出した活動に積極的に関わった責任について、河村さんはどうお考えでしょうか。

（3）2020年6月、名古屋市の定額給付金の遅れが『日本経済新聞』などでも報じられました。コロナ感染のために多くの市民が大変な状況にある中、市長が全力を尽くすべきは、コロナ感染で苦しんでいる市民への支援であったはずです。定額給付金の迅速な支給などこそ、市長が最優先で果たすべき役割でした。多くの市民、とりわけ飲食店を経営している人、そこで働いている従業員やアルバイト学生、医師や看護師などの医療関係者は大変な状況にありました。まさに行政による適切なコロナ対策と生活等の支援を多くの市民が渇望していました。しかし河村さんのTwitterを見れば、河村さんはコロナ対策よりもリコール運動に力を注いでいるようにしか感じられません。この点について河村さんはどうお考えでしょうか。河村さんはコロナ対策のために十分な対策をしてきたというのかもしれません。そうであればコロナ対策のため、河村さんは具体的にどのようなことをしたのでしょうか。定額給付金支給の遅れの対策として河村さんは何をしたのでしょうか。具体的対策を詳細に説明してください。

（4）2021年4月に行われる名古屋市長選挙に関して、河村さんは「いま出馬を断念すると、不正署名への関与を認めたことになる」と発言した上で、立候補を表明したと報じられています。こうした発言をした事実はあるのでしょうか。もしこうした報道が事実であれば、なぜこのような理屈になるのか、理解できません。河村さんが積極的に関わったリコール署名で前代未聞の不正が行われ、日本のみならず世界中に恥をさらした不正署名の「応援団」として精力的に活動した以上、潔く責任を取り、直ちに名古屋市長を辞職することがあるべき政治的責任のとり方だと私たちは考えます。そもそも、名古屋市政は名古屋市民のために行われるべきものです。にもかかわらず、自らの身の潔白を証明するために出馬するなどという理屈は「市長職の私物化」「市民不在」と言わざるを得ません。この点について河村さんの意見をお聞かせください。

以上

上記質問については4月14日までに、文書にて下記まで回答をお願いします。

市政のあり方に対する判断に資する資料として、回答の内容や対応等はメディア等でも公開させて頂くこともご了承ください。

2021年4月5日

飯島滋明（名古屋学院大学教授）
大脇雅子（弁護士）
小野万里子（弁護士）
田巻紘子（弁護士）
中谷雄二（弁護士）
本　秀紀（名古屋大学教授）

開催続行宣言

不当な攻撃には屈しません！

私たちの「表現の不自由展・東京」にご関心をお寄せいただき、誠にありがとうございます。

公共施設・公共空間で表現の機会を奪われた作品を集め、「消されたものたち」の権利と尊厳の回復をめざす「表現の不自由展」は、2015年の東京、2019年の「あいちトリエンナーレ」に続いて、韓国（済州4・3平和公園）・台湾（台北市現代美術館）からも招待を受けて、展示を実現してまいりました。台湾では15000人もの観客を集めました。

今年2021年は東京展を皮切りに、名古屋、大阪などでも各地独自の不自由展が開催されます。

このたび、東京都内で再び展示を行うにあたり、私たちは地元・牛込警察署とも入念に打ち合わせを行なって、無事に開催できるよう努力を重ねてきました。しかし、街宣車や拡声器を使用した不当な攻撃を受けて、ギャラリーは深いダメージを受けてしまいました。

私たちは、暴力的な攻撃で表現の機会を奪おうとすることに、強く抗議します。

そして何より言いたいのは、表現の不自由展は、「検閲」があるという現場から、その作品と社会的背景を感じることができる貴重な展覧会ですので、ぜひ観に来ていただきたいということです。

ここで、私たちは以下のとおり宣言します。

1．不当な攻撃には屈しません

私たちは、平穏に展覧会を開催し、ご来場の皆さんに心おきなく作品を鑑賞していただきたいだけです。それを、大音量で妨害したり、狭い道路を車で塞ぐなど近隣にも迷惑を及ぼすような行為は、絶対に許すことはできません。今後、実行委員会および会場、アーティスト、観客に対して、度を超えた攻撃や、犯罪に値する攻撃があった場合は、刑事告訴・告発その他の法的手続きを含め断固とした対応を検討します。不当な攻撃には、私たちなりのやり方であくまでもたたかいぬくことを表明します。

2. 表現の発表の場であるギャラリーとその周辺を守ります

街宣車などによる攻撃で、ギャラリーの関係者は営業妨害をされ、住居も兼ねているため日常生活まで支障をきたすという被害を受けました。警察も街宣車を防ぐことができない状況の中で、ギャラリーとしてはこのまま予定通り会場を貸すことはできないと判断するにいたりました。この申し出を受けとめギャラリー側と協議を重ねた結果、私たちとしては苦渋の決断を強いられることになりました。急ではありましたが可能な限りアーティストに報告し討議の場をもうけましたが、厳しい批判も出る中、最終的には、不当な攻撃に屈さず、展覧会を開催するには会場を変更するしかないということを苦渋の選択として受け入れていただき今日の発表となりました。アーティストの皆様にご負担、ご迷惑をおかけしたことを深くお詫び申し上げます。新しい会場については、現時点では詳細をご報告できないことをご容赦ください。また、展示の期間についても調整中です。

3. 予約者の権利を最大限保障します

ギャラリーでの展示鑑賞を予定・購入された方はすでに550名を超えています。お申し込みいただいた皆様に対して、今回の展示会場が急遽変更になることを主催者からもお詫び申し上げます。

また、ギャラリーが攻撃を受ける一方で、この間、実に多くの皆さんに励ましのメッセージをいただいたり、現地に駆けつけていただきました。昨日で妨害メールを上回りました。この場をお借りして、私たちの試みに心を寄せてくださっている皆さんに、感謝申し上げます。

ご予約いただいた皆さんの「展示を鑑賞する権利」を最大限保障しながら、どういう形で「表現の不自由展」を実現できるか、私たちは連日議論を重ねて、検討しているところです。なお、すでに満員の日程も出ていることなどから、来場予約はここで一旦締め切りとさせていただきます。

詳細については追ってご連絡することでご容赦いただけますようお願いするとともに、今回の「表現の不自由展」が無事開催されるよう、皆さんの一層のご支援をお願い申し上げます。

今後の展示予定・会場・チケット購入等の詳細については、追って『表現の不自由展』公式HPやSNS等で随時お知らせいたします。

2021年6月10日

表現の不自由展・東京実行委員会

「私たちの『表現の不自由展・その後』」中止を受けての声明

1　私たちは、「表現の自由」と「歴史の事実」を回復するために、そして何より多くの市民が「表現の不自由展・その後」出展3作品を直接見て、触れて、感じるために、長い期間、名古屋市文化振興事業団、警察と協議の上で「私たちの『表現の不自由展・その後』」展を開催する準備を重ねてきました。「私たちの『表現の不自由展・その後』」展は、本年7月6日（火）から11日まで名古屋市中区市民ギャラリー栄8階で開催する予定でした。
実際、7月6日（火）、7日（水）は、平穏無事に開催することができました。ところが、3日目の7月8日（木）午前9時35分頃、会場である市民ギャラリー栄宛ての郵便物が、市民ギャラリー栄7階展示室内で破裂する事態が発生したとして、スタッフ、ボランティア、すでに来場していた観客が開館直前に一時退避を求められました。名古屋市は、事態発生から僅か5時間後の午後3時に、私たち主催者に事前の何らの具体的説明もないまま、会期末である11日までの会場の利用停止処分とギャラリー全館の臨時休館を一方的に強行しました。

私たちは、一時退避を求められて以降、名古屋市に事情説明と再開を求め続け、利用停止処分の翌日である9日午前10時30分、名古屋市に対して抗議と再開のための協議の場の設置を求め、以後、再開を要請し続けてきました。

しかしながら、本日午前11時30分、名古屋市は「本市の考え」を電話で一方的に読み上げるとともに、別紙文書をFAXで送り付け、ギャラリーの休館継続、すなわち私たちの展示の再開拒否を通告してきました。

2　名古屋市の判断は、「郵便物破裂事案」「実際の実力行使がある」ということを前提に、「最高裁判所の判例が示す『人の生命、身体又は財産が侵害され、公共の安全が侵害され、公共の安全が損なわれるきない特別の事情がある』ことに他ならない」というものです。

しかし、9日午後5時からの 当会の事務局メンバーと代理人弁護士を交えた名古屋市西庁舎での協議の際には、名古屋市は、「『不審な郵便物』 というところまでしか警察からは聞いていない」、「現在に至るまで警察からは公式発表はない」、「報道以上の情報は知らない」、「警察が捜査中で名古屋市としては状況がいまいち把握できていない」、「昨日の事案の危険性の評価ができていないのが実情」、「状況把握、危険性の評価ができていない中で、何をすればよいか分からない」と繰り返していました。

さらに、10日午後6時30頃からの市民ギャラリー栄7階展示室での当会の代表、事務局メンバー、代理人弁護士との協議の際にも、名古屋市は、利用停止処分と閉館継続を決定するにあたっての「危険」の具体的内容、程度にかかる客観的事実を具体的に警察から確認していない ことを何度も強調していました。

本日午前11時30分までの名古屋市からの回答においても、それらの 客観的 事実を具体的に確認したこと明らかな差し迫った危険の発生が具体的に予見され、警察の警備等によってもなお混乱を防止することができない特別の事情がある』ことに他ならない」というものです。

しかし、9日午後5時からの 当会の事務局メンバーと代理人弁護士を交えた名古屋市西庁舎での協議の際には、名古屋市は、「『不審な郵便物』というところまでしか警察からは聞いていない」、「現在に至るまで警察からは公式発表はない」、「報道以上の情報は知らない」、「警察が捜査中で名古屋市としては状況がいまいち把握できていない」、「昨日の事案の危険性の評価ができていないのが実情」、「状況把握、危険性の評価ができていない中で、何をすればよいか分からない」と繰り返していました。

さらに、10日午後6時30頃からの市民ギャラリー栄7階展示室での当会の代表、事務局メンバー、代理人弁護士との協議の際にも、名古屋市は、利用停止処分と閉館継続を決定するにあたっての「危険」の具体的内容、程度にかかる客観的事実を具体的に警察から確認していない ことを何度も強調していました。

本日午前11時30分までの名古屋市からの回答においても、それらの 客観的 事実を具体的に確認したことは伝えられていません。

これらの名古屋市の「起きた事案の内容を具体的に把握しておらず、危険性の程度も評価できていない」等の回答からすれば、人の生命、身体又は財産に対する明らかな差し迫った危険の発生が客観的な事実に照らして具体的に明らかに予測される場合か否かの判断に係る根拠事実を名古屋市が有していないことは明らかです。

名古屋市が、自ら客観的事実に基づいて危険性の内容・程度 の評価も行わないまま に、利用停止処分及び休館を決定し、表現の不自由展の使用許可期間内の処分の継続を決めたことは、最高裁判決の基準に照らし、表現の自由の侵害に他ならず憲法21条1項に明確に違反するものです。

3 さらに、7月9日午前10時30分からの私たちの抗議・要請時に、名古屋市は、「利用停止ではなく展示を継続・再開するための具体的方策は検討していない」

とはっきり答えました。私たちは、名古屋市が警察に対して、再開に必要な警備の要請をするよう7月9日に明確に申入れをし、7月10日の協議の際にも再度申し入れました。ところが、名古屋市は一切、再開に必要な警備の要請を警察に対して行いませんでした。

したがって、最高裁判例の言う「警察の警備等によってもなお混乱を防止することができない特別の事情がある」かどうかも、名古屋市は実際には検討していません。

4　今回、市民ギャラリー栄に届いた、展覧会の中止を求める文書の同封された郵便物が破裂したことで、人的・物的損害がなかったとはいえ、開封作業を直接行った施設職員の精神的ショックは想像を絶するものです。市民の表現する機会を保障するため、日頃から尽力されている職員の方が、なぜこのような目に遭わなければならないのでしょうか。私たちは、職員の方が受けた精神的ショックに深く同情するとともに、職員が一日も早く回復されることを願います。

他方で、名古屋市は「郵便物破裂」の「実力行使」発生を重く見ていると強調します。しかし、郵便物は、届いたときから不審であり、わざわざ開封のために警察に立会いを求めたのです。なぜ、そのような不審な郵便物を、敢えて、安全が確保された他の場所に移動することなく市民ギャラリー栄の展示室内で、警察官が実際に立ち会っていたにもかかわらず、警察官ではなく施設職員に漫然と開封させたのでしょうか。

「市民ギャラリー栄内での郵便物破裂」は、避けることができたにもかかわらず、「実力行使」と見えるよう意図的に作り出されたとの疑いすら残るものと言わざるを得ません。私たちは、このような意図的な「危険な実力行使の作出」に職員の方が巻き込まれた事実についても強く抗議するとともに、名古屋市が「郵便物破裂」を過大に評価して、私たちの展示会を辞めさせたい圧力に加担し続けていることにも強く抗議します。

同時に、同種の行為に対しては、速やかな犯人の検挙とともに、今後、不審な郵便物の開封を警察がしかるべく対応することで十分に予防できることであり、この事態のみを根拠に「警察の警備等によってもなお混乱を防止することができない特別の事情がある」と判断することはできません。そのことは7月9日及び10日の名古屋市と当会との協議でも明確に指摘したところです。

5　「表現の自由」は、私たち市民社会において、私たち一人ひとりの市民が、自ら考え、感じ、意見するための基礎であり、それなくしては民主主義が成立し得ない重大な権利です。今回の「開封によって破裂する不審な郵送物の送付」は、脅迫によって表現を圧殺しようとする、極めて卑劣な行為であり、断じて許すわけにはいきません。犯人にはすぐに自首することを求め、警察には一刻も早い犯人の逮捕を求めます。

名古屋市は公的機関として、市民の表現の自由を定めた憲法21条1項を遵守する義務を負っています。それにもかかわらず、今回、名古屋市が郵便物の破裂行為があったことをもって、今後の同種行為への対応策を検討することもなく、施設利用停止処分と休館を会期中継続することを決めたことは、名古屋市が犯罪行為を行った側に加担して、表現の自由という憲法上の重要な権利の制限をおこなったことに他なりません。

6　そもそも、休館決定がなされる前に、不利益を被る私たちに対して理由の説明もなく、決定を回避するための措置についての協議も一切ありませんでした。その後も、名古屋市は、会期末である7月11日まで、私たちの方から同種行為へ対応できる措置を具体的に提案しているにもかかわらず、そのような措置をとった場合に予想される生命、身体又は財産への具体的危険性についての検討、協議すら行う姿勢をみせませんでした。

私たちが再開のための協議の場を要求しても、不誠実な対応に終始し、いたずらに開催期間が経過していったことは、名古屋市が市民の表現の自由を保障する立場に立たず、卑劣な脅迫行為の前に、「表現の自由」を屈服させてしまったことを意味します。私たちは名古屋市の7月8日以降の対応に強く抗議します。

7　民主主義社会において、公的機関が「表現の自由」を守ることを放棄することは、「民主主義の死」をもたらします。今回のような芸術作品の表現に関連すれば、それは「文化の死」をもたらすのです。それほど公共施設における「表現の自由」の保障とは、極めて重大なものなのです。

8　今回の名古屋市の対応と名古屋市長河村たかし氏の言動は、この公共施設における「表現の自由」の保障を放棄したものと言わざるを得ません。それは結果的に、脅迫への加担を意味します。

私たちは「表現の自由」の回復を求め、名古屋市に再開を求めましたが、再開を実現させることはできませんでした。私たちは、名古屋市が結果的に脅迫に加担したことに抗議するとともに、一刻も早く、脅迫への加担する主体から、市民の表現する権利を回復する主体へ、そして公共施設における表現の自由の保障という極めて重大な義務を担う主体へと転換することを求めます。

9　「私たちの『表現の不自由展・その後』」は6日間の期間中、開催2日で中止を余儀なくされました。これまでご協力いただいたすべてのみなさん、とりわけ作家、不自由展実行委員会、ボランティアの方々、クラウドファンディングにご協力いただいたみなさんには、本当に、私たちが心から悔しく、悔しく、悔しく感じていることをお伝えしたいと思います。

10　すべてのみなさんに訴えます。私たちには中止になったことで失われた4日間の「表現の自由」を回復させる権利があります。そして、公共施設における表現の自由を回復させる義務が、名古屋市にはあります。

11　私たちは宣言します。
表現の自由を回復させるために、「4日間の失われた『表現の自由』」を回復させるために、公共施設における「表現の自由」を回復させるために、「私たちの『表現の不自由展・その後』」を必ず回復させます。

そのために、多くのみなさん。ともに立ち上がり、表現し、行動し、そしてつながりましょう!

2021年7月11日

「表現の不自由展・その後」をつなげる愛知の会

共同代表　久野綾子　磯貝治良　池住義憲

長峯信彦　中谷雄二

「私たちの『表現の不自由展・その後』」展再開申入書

2021年9月6日

名古屋市市長 河村たかし 殿

公益財団法人名古屋市文化振興事業団 御中

「表現の不自由展・その後」をつなげる愛知の会

共同代表 久野綾子 磯貝治良 池住義憲 長峯信彦

「表現の不自由展・その後」をつなげる愛知の会 弁護団

弁護団長 弁護士 中谷雄二 外弁護団員13名

「『表現の不自由展・その後』をつなげる愛知の会」(以下「つなげる会」といいます。)は、名古屋市長及び公益財団法人名古屋市文化振興事業団(以下「名古屋市文化振興事業団」といいます。)に対し、下記のとおり申し入れします。

記

1 申入れの趣旨

(1)「つなげる会」は、名古屋市長及び名古屋市文化振興事業団に対し、名古屋市が、2021年7月8日、同日から同月11日まで市民ギャラリー栄を臨時休館し、同ギャラリーの指定管理者である名古屋市文化振興事業団をして同期間中の展示室の使用停止処分をさせたことにより展示中止を強いられた、「つなげる会」主催の「私たちの『表現の不自由展・その後』」展(以下「本展示」といいます。)について、4日分の展示再開のため、同一期間の施設の供用を求めます。

(2)「つなげる会」は、名古屋市に対し、本書面到達後1ヶ月以内の日取りにて、上記(1)の展示再開のための協議日時を設定するよう求めます。

2 申入れの理由

(1) 臨時休館決定・使用停止処分、及び、休館・使用停止継続が最高裁判例に違反すること

名古屋市は、2021年7月8日、本展示の開催3日目の「郵便物破裂事案」発生を理由に、「施設の安全管理の観点から鑑みて、対象者が多く、警察の警備等によってもなお混乱を防止することができないと想定される」として、名古屋市民ギャラリー条例施行細則第3条第2項に基づき、同日から本展示の会期末である同月11日までギャラリーを休館とし、同条例第7条第5号に基づき使用を停止するよう指定管理者に対し指示しました。

「つなげる会」は、かかる休館決定・使用停止処分後、名古屋市及び名古屋市文化振興事業団に対し、連日、事情説明を求めるとともに、開館及び展示再開を要請しましたが、名古屋市は、「実際の実力行使があり、今、警察がその事案の捜査に全力を注いでいるが事案が解決していない現状で、かつ、警察が最上級の警備体制を継続している」こと、及び「これ以上の体制の強化は困難である」こと等を理由として(同月11日付FAX送信票添付の「本市の考え」より。)、休館・使用停止を継続させました。

しかしながら、公権力による公の施設の利用制限が許されるには、「明らかな差し迫った危険の発生が具体的に予見されることが必要」です(最判1995年

3月7日民集49−3−687）。また、施設利用を不許可とする場合の施設管理上の支障は、「許可権者の主観により予測されるだけでなく、客観的な事実に照らして具体的に明らかに予測される」ことが必要であり、「主催者が集会を平穏に行おうとしているのに、その集会の目的や主催者の思想、信条等に反対する者らが、これを実力で阻止し、妨害しようとして紛争を起こすおそれがあることを理由に公の施設の利用を拒むことができるのは」「公の施設の利用関係の性質に照らせば、警察の警備等によってもなお混乱を防止することができないなど特別の事情がある場合に限られ」ます（最判1996年3月15日民集50−3−549）。

この点、名古屋市は、事情説明を求める「つなげる会」に対し、「起きた事案の内容を具体的に把握しておらず、危険性の程度も評価できていない」と繰り返し説明されましたので、実際には上記最高裁判例の規範における「危険」を判断するための根拠事実を有していなかったといえます。そのような状況での施設の安全管理上の支障は、最高裁判例の禁止する「許可権者の主観による予測」の域を出ないものに他なりません。

また、名古屋市は「展示を継続・再開するための具体的方策は検討していない」と述べ、休館決定後に警察に対して再開のための警備要請も一切されませんでしたので、上記最高裁判例の規範である「警察の警備等によってもなお混乱を防止することができない特別の事情がある」かどうかも実際には検討されていません。

以上のとおり、名古屋市が、客観的事実に基づいて危険性の内容・程度の評価も行わないまま休館及び利用停止処分をし、本展示の会期中の使用停止を継続したことは、上記最高裁判決に照らし憲法21条1項に違反することは明らかです。

(2) 名古屋市は表現の自由への卑劣な脅迫行為に荷担している状態にあること

さらに、名古屋市が強調する「実際の実力行使」という「市民ギャラリー栄内での郵便物破裂」は、警察に立会を求めるほど届いたときから不審であった郵便物を、安全が確保された他の場所に移動させることなく、ギャラリーの展示室内で、警察官ではなく施設職員に敢えて開封させたことにより、本件の施設内での郵便物「破裂」という事態が将来されたものです。平穏に開催されている展示会を妨害する目的で破裂する郵便物を会場に送りつけること自体、民主主義の根幹である表現の自由に対する卑劣な脅迫行為であって断じて許されないものであることは言うまでもありませんが、本件の施設内での郵便物「破裂」は通常の注意を払えば容易に避けることができたものです。それにもかかわらず、漫然と作出された「危険な実力行使」を名古屋市が過大に評価することは、本展示を辞めさせたい勢力による脅迫行為に公権力が加担することに他なりません。

(3) 奪われた表現の自由を回復させる措置を求めること

名古屋市は、同年8月2日、名古屋市文化振興事業団を通じて、「つなげる会」に対し、「名古屋市民ギャラリー栄の臨時休館に伴う利用料金還付について」と題する書面を送付し、使用停止期間に係る利用料金の還付手続に「速やかに」応じるよう求めています。

しかし、名古屋市の休館決定・使用停止処分により侵害された「表現の自由」は、利用料の還付によって回復されるはずもありません。

そこで、「つなげる会」は、名古屋市に対し、名古屋市の処分によって奪われた4日間と同一期間の施設の供用を求めます。

なお、展示再開にあたっては、上記最高裁判例に基づき、今度こそ、具体的警備体制についての協議等が必要となると思料されるため、本書面到達から1か月以内の日取りで、協議日時を設定していただくよう、お願い致します。

3 本申入書に対する回答期限と連絡先

本申し入れに対するご回答は、2021年9月21日までに、「つなげる会」弁護団の下記連絡先までいただけますようお願い致します。

（以下、略）

あとがき

本書は当初、河村たかし氏が市長に再当選し、「お辞め下さい大村秀章愛知県知事 愛知100万人リコールの会」事務局長が逮捕されるなど流動的な事態の中で、『徹底追及!! 愛知県知事リコール不正署名』（仮）として企画されました。私は、あいちトリエンナーレの展示中止事件の背景について執筆依頼を受けていました。ところが6月に入り、表現の不自由展・東京の会場であるギャラリーに対し、ネット右翼らの怒号妨害が始まり、結局、ギャラリーの貸し出しは不可となり、延期を余儀なくされました。並行して、名古屋、大阪でも右派のよる妨害行為、それを後押しするような政治家の発言も相次ぎ、私たち不自由展当事者は怒涛の日々に放り込まれ、執筆も一時中断してしまいました。そんな中、あけび書房の岡林信一代表から「リコール署名不正とともに、表現の不自由展をめぐる右翼勢力のみならず、維新の吉村知事の問題も含め反動勢力による民主主義と自由への重大な挑戦に対する対抗言論の布陣をつくるためにも、最前線の皆様の主張を発信する今回の出版の社会的意義がますます高まっていると確信しています」と連絡がありました。そこで東京・名古屋・大阪の当事者による記録を揃え、書名は『リコール署名不正と表現の不自由──民主主義社会の危機を問う』になりました。岡林さんの出版人としての使命感と励ましに心より感謝いたします。

本書編集の終盤、9月半ばには、ミキ・デザキ監督のドキュメンタリー「主戦場」に対し、出演者の一部が上映差し止めと損害賠償を求めた裁判で本人尋問がありました。本作は2019年4月に公開され日本で約7万人動員し、日本軍「慰安婦」問題を扱ったものとして異例の大ヒットとなり、同年秋には、しんゆり映画祭での上映中止事件が起きましたが、映画関係者や観客の力を得て上映が実現しました。現在、「主戦場」の自主上映が企画されるたびに、会場に貸さないよう要望書を出すという妨害行為が続いています。監督は、「黙らせようとする妨害には屈しない」と語っています。

東アジア反日武装戦線を追ったドキュメンタリー映画「狼をさがして」も右派による抗議予告で上映中止にした映画館が出る一方、暴力的で的外れな抗議行動には屈しないと上映を続ける映画館もあります。10月5日には、横浜市の映画館に上映中止を執拗に要求したとして、神奈川県警は右翼団体に所属する40代の男性2人を書類送検しました。

あいトリで成功体験をした右派による攻撃・妨害は続き、それに抗う闘いも続いています。

さらに、こうした事件の背景にあるのが、日本による加害の歴史を正当化する動きです。2021年9月8日、文部科学省は中学社会、高校地理歴史、公民科の教科書発行者5社から、「従軍慰安婦」「強制連行」などの用語・記述などに関して訂正申請があり、承認したと発表しました。

これは、「政府としては、『従軍慰安婦』という用語を用いることは誤解を招くおそれがあることから、『従軍慰安婦』又は『いわゆる従軍慰安婦』ではなく、単に『慰安婦』という用語を用いることが適切であると考えており、近年、これを用いているところである」との答弁書を閣議決定した（2021年4月27日）ことによるものです。こうした政治介入は決して許されるものではありません。加害の歴史を次世代に引き継ぐことなくして、再発を防ぐ道はないのではないでしょうか。

リコール不正署名事件は、こうした政治的背景の中で起きたものであり、民主主義の根幹を揺るがすものです。引き続き、法的責任を求めていかねばならないでしょう。また、公権力による表現の自由への介入を阻止し、公共の空間で自由に表現を発表し、表現を観るという権利をあらためて表現者・受け手の手に取り戻すことが必要です。不自由展開催実現に向けて東京展、名古屋展なども動き出しています。本書が、民主主義や表現の自由を脅かす圧力にどう向き合うべきか、考えるための手がかりになることを心より願っています。

2021年10月9日

岡本有佳

▶筆者紹介

●飯島滋明（いいじま しげあき）

名古屋学院大学教授。専門は、憲法・平和学・医事法。著作に前田哲男・飯島滋明編『国会審議から防衛論を読み解く』（編著、三省堂、2003年）、前田哲男・飯島滋明編『Q&Aで読む日本軍事入門』（吉川弘文館、2014年）、憲法ネット103編『安倍改憲・壊憲総批判―憲法研究者は訴える』（八月書館、2019年）など。

●高橋良平（たかはし りょうへい）

2019年以来、「表現の不自由展・その後」再開をもとめる運動や河村市長の歴史改ざん主義に反対する運動、そして「私たちの『表現の不自由展・その後』」展覧会の開催運動に参加している。たまたまの参加がまさかこんな展開になるとは！　と人生の不思議を感じる今日この頃を過ごしている出稼ぎ労働者。

●山本みはぎ（やまもと・みはぎ）

「表現の不自由展・その後をつなげる愛知の会」事務局。1970年後半から日韓問題に関わる。2019年8月4日の抗議行動を呼びかけた「韓国併合100年東海行動実行委員会」の事務局。主なフィールドは、反戦平和運動で、アフガニスタン・イラク反戦運動や沖縄の基地問題など市民運動として関わる。

●おかだ だい

表現の不自由展かんさい実行委員。「慰安婦」問題を考える会・神戸のメンバーとして月一回水曜デモ開催。子どもたちに渡すな！あぶない教科書大阪の会で教科書記述と採択の問題にも取り組んだり、「アジアから問われる日本の戦争」展実行委員として、まっとうな歴史認識を社会に定着させる活動も行なう。

▶編著者紹介

●中谷雄二（なかたに ゆうじ）
1955 年　京都府生まれ。1984 年四日市法律事務所、名古屋第一法律事務所を経て、現在、名古屋共同法律事務所。秘密保護法対策弁護団共同代表、憲法をくらしと政治にいかす 改憲 no ！あいち総がかり行動実行委員会共同代表。
担当事件に、名古屋イラク自衛隊派遣差止訴訟、中電人権裁判、一宮身体拘束事件、中津川市発声障害議員事件、伊藤晃平君命の価値裁判、表現の不自由展再開仮処分事件などがある。

●岡本有佳（おかもと ゆか）
編集者。2015 年より表現の不自由展・東京実行委員。共編著『あいちトリエンナーレ「展示中止」事件』（岩波書店、2019 年）、『〈平和の少女像〉はなぜ座り続けるのか』（世織書房、2019 年）、『だれが「日韓対立」をつくったのか』（大月書店、2019 年）、『《自粛社会》をのりこえる』（岩波ブックレット、2017 年）など。訳書『空いた椅子に刻んだ約束～〈平和の少女像〉作家ノート』（世織書房、2021 年）。

リコール署名不正と表現の不自由
—民主主義社会の危機を問う

2021 年 11 月 1 日　第 1 刷発行 ©

編者　中谷雄二、岡本有佳
執筆　中谷雄二　飯島滋明　岡本有佳
高橋良平　山本みはぎ　おかだだい

表紙・本文デザイン＊風工房
発行者　岡林信一
発行所　あけび書房株式会社
〒 120-0015　東京都足立区足立 1-10-9-703
☎ 03. 5888. 4142　FAX 03. 5888. 4448
info@akebishobo.com　https://akebishobo.com
印刷・製本／モリモト印刷

ISBN　978-4-87154-199-2　C3036　￥1600E